予約3ヶ月待ちの占い師が教える
超開運法

人の話は聞くな。

金運、仕事運、対人運が
劇的にアップする
コミュニケーション術

油井秀允
Hidemasa Yui

「人と話すと疲れてしまう」

「自分さえ我慢すればと思って、言いたいことが言えない」

「会話で間があくと気まずい」

「相手が不機嫌になると、自分のせいだと思ってしまう」

「人前で話すのが怖い」

「言いたいことが、うまく伝わらない」

「苦手な相手とどう話せばいいか悩んでいる」

「もう人に振り回されたくない」

こんなモヤモヤを抱えるすべての人に贈ります。

［はじめに］　相談者の話を聞くのをやめたら、人生が変わった

占い師は、相談者の話を聞いて占うのが当たり前。

占い師とは、相談者の悩みに寄り添い、的確なアドバイスをする人。

そう、占い師は「聞き上手」のはず……。

そんなイメージで、この本を手に取ったみなさん、冒頭から衝撃《しょうげき》的なことをお伝えします。

私は占い師ですが、
相談者の話を聞きません。

いや、そもそも人の話を聞きません！

「話を聞かなかったら、占いなんてできるわけないでしょ！」

「なんでも逆張りしたらいいいと思って……」

そんな声が聞こえてきそうですね。

いろいろ言いたいこともあるでしょうが、本題に入る前に、少しだけ私の話をさせてください。

私が占い師を始めたのは、20代後半の頃です。その前は、サラリーマンをしていました。しかし、ひょんなことがきっかけで、占いの道に進むことになります。

そこから約20年。今や鑑定人数は1万3000人を超え、予約の取れない占い師として、年商は2億円を超えています。

私が占い師としてここまで人気となり、活躍できているのはどうしてなのか？

それが、冒頭でお伝えした「相談者の話を聞かない」という一風変わったスタイルにあります。

もちろん、まったく聞かないのではありません。

ポイントは、相談と関係のない話は聞かないということです。

私たちは、幼い頃から、

「人の話はちゃんと聞きなさい」

「人とは仲良くしなさい」

と教えられてきました。それは、間違っていません。

「人の話を最後まで聞く」のは、コミュニケーションの基本で大切なことです。

でも、それが行き過ぎるとどうなるのか……。

「どうでもいい人」の「どうでもいい話」を聞くことに時間を取られ、自分の言いたいことも言えず、伝えたいことも伝えられない。人の顔色をうかがっては、モヤモヤを抱え込む「他人に振り回される人生」になってしまうのです。

果たして、本当にそれでいいのでしょうか？

私も占い師を始めた頃は、相談者のどんな話もじっくり聞いていました。

決してネガティブなことを言わず、ポジティブなことだけを伝える「いい人占い師」を目指していました。

「こうしたらいいのに」

と心の中で思っても、それを言わずに我慢していたのです。

ところが、ある相談者のひと言をきっかけに、私の占い師人生は一変しました。

詳しくは本文（P28）にゆずりますが、そこから、思い切って相談者の「どうでもいい話」を聞くのをやめたのです。そして、自分の思ったことを正直に伝えるようにしました。

するとどうでしょう。相談者が激増し、リピーターも増え、それまで以上に感謝の言葉が返ってくるようになったのです。

今も、私のところには「自分の人生を思い通りに生きられない」相談者がたくさんやってきます。我慢、我慢、我慢の連続で、自分ではどうしようもなくなった人が大勢やってくるのです。

そして、我慢に我慢を重ねて、たまった不平・不満を私のところでぶちまけます。

そうした相談者の姿を見ながら、私は心の中でこう思うのです。

「我慢するのをやめたら、もっとラクに生きられるのに……」

今の時代、SNS上で人とのつながりが無限に増えていく一方、リアルの世界では、「どんなにがんばっても話の通じない相手」に時間を取られることが増えています。

ひと昔前と比べて、膨大な量のコミュニケーションをこなすことが求められているのです。これまでの話し方のルールを守っていては、心が疲れ果て、人に振り回されるばかり。

「みんな」が言っている「誰とでも仲良く、誰にでも丁寧に」なんてことをやっていたら、体力も精神力も根こそぎ持っていかれてしまいます。

そこで私が提唱するのが、

「人の話を聞かない」話し方です。

さらに言えば、

「ムダに心の距離を縮めない」話し方です。

この本を読むと、あなたにとって「どうでもいい人」の「どうでもいい話」を聞かなくてもいいんだと実感できるようになります。

どうでもいい人の話を聞かないようにするだけで、時間を奪っていく「時間泥棒」や、心を疲弊《ひへい》させる「面倒な人」が、ウソのように消えていきます。

本書を読んだあなたがすることは、

「話が通じない人」と話すのをあきらめる

これだけです。

重要なのは、話が通じない人との時間が減ると、あなたが大切に思う人との時間が増えていくということ。

それだけで、運気の上がっていく土台がしっかりとできあがります。

それでは、過去の常識や価値観をぶち壊す新時代の話し方、

『人の話は聞くな。』をお届けしていきましょう！

「人の話は聞くな。」◉目次

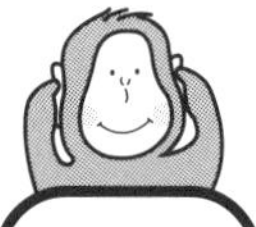

第1章　人の話を聞くと運が悪くなるわけ

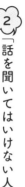

第2章 運がいい人の話し方 3つの共通点

第3章

運のいい人はやっている！どうでもいい人をやり過ごす3つのテクニック

第4章 運の悪い人、困った人をかわす方法

第5章 金運が上がる人の話し方

第1章

人の話を聞くと
運が悪くなるわけ

1
その話し方、自分を犠牲にしていませんか？

「話をしっかり聞く人がうまくいく」は大ウソ

世の中には「話し方」や「伝え方」の本が、これでもかというほどあります。
読んでみると、だいたい次のようなことが書かれています。

- 話し上手は、聞き上手
- 相手の立場に立って、話を聞こう、話そう
- あいづちをしっかり打とう
- 話をさえぎらず、相手が話し終えてから話そう

私からすると、「もうわかったから、もっと別の視点はないの？」と思うくらい

同じことばかり。

結局、「人の話をしっかり聞く人がうまくいく」という内容です。

でも、それって本当でしょうか？

例えば、

- 居酒屋で、繰り返し聞かされる上司の「武勇伝」
- 会社の同僚の「愚痴」
- 井戸端会議で繰り広げられる近所の「噂話」
- ジムで知り合ったおばちゃんの「身の上話」
- ママ友の、マウント気味な夫&子どもの「自慢話」
- 職場で延々と続く失敗の「言い訳」

私たちの周りには、こうした「どうでもいい話」があふれています。

そして、この「どうでもいい話」に20分も30分も付き合わされる。

時には、何時間も付き合わされて「この話、いったいなんだったんだろう」という気持ちにさえなる……。

そうはいっても、

「そんなつまらない話に付き合うの、本当はイヤだ。時間がもったいない」

なんて、なかなか言い出せません。

実際、人は自分の話を聞いてくれる相手に、悪い感情はもたないもの。

「私の話をじっくり聞いてくれる（都合の）いい人」

ということで、勝手に「いい人」認定をされて、ますますどうでもいい話に付き合わされることになります。

でも、**本当にそれでいいのでしょうか？**

人生は有限です。当たり前ですが、「命」＝「時間」には限りがあります。

人生80年生きるとして、80年を時間に換算すると約70万時間です。さらに、ここから一日6時間の睡眠を差し引くと、起きている時間は約52万5０００時間。いかがでしょう。意外と短くありませんか？

生きている時間は、思っているよりずっと短いのに、「どうでもいい人のどうでもいい話」に付き合っていると、あっという間に人生が終わってしまいます。

そして、重大な損失がもう一つ。

どうでもいい人の話を聞いていると、運勢が悪くなるって知っていましたか?

どうでもいい話を繰り返す人は、愚痴や不満、心配事が心の大半を占めています。言うまでもありませんが、こういう人はものすごく運勢が悪い。

ところが、「どうでもいい話」をすることで、運勢が急降下していることに、当の本人は気づいていません。だから、延々と「どうでもいい話」をし続けます。

そして困ったことに、運勢の悪い人は「自分都合のどうでもいい話」をして、周囲の人を悪運に巻き込む癖があるのです。

理由は単純です。自分だけ不幸でいるのは寂しいから。しかも、無意識レベルのことが多いので、たちが悪いのです。
だから、「どうでもいい人のどうでもいい話」に付き合うと、もれなく悪い運勢の仲間入りをすることになります。

それでは、周囲を巻き込むような悪運の持ち主って、どんな人でしょうか。
例えば、私のところには「こんな人」が相談にやってきます。

- 恋愛運の相談で、自分の男運・女運のなさを「ダラダラと話す人」
- 健康運の相談で、いかに自分が大変かという「病気自慢が尽きない人」
- 金運の相談で、借金まみれになった経緯と「苦労話を延々と話す人」
- パートナー運の相談で、相手についての「愚痴に熱中してしまう人」
- 家族運の相談で、自分ばかりが苦労していると言って「泣き出す人」

こうした人たちは、本題になかなか入らず「どうでもいい話」を延々と続けます。
なので、私は話をさえぎってこう言います。

運の悪い人の特徴

ダラダラと話す人

私って男運がなくて…

いつもだまされてばかり

病気自慢が尽きない人

私ほど病気した人はいない
働き過ぎで過労で倒れたの
病気してこそ一人前

苦労話を延々と話す人

金の切れ目が縁の切れ目でね
夜逃げしたことがあります
苦労話、全部聞いて

愚痴に熱中してしまう人

ウチのカミサンときたら…
こちらが悪いと決めつけるんですよ
愚痴こそ我が人生

泣き出す人

誰もわかってくれないの
不公平だわ
同情してよ

「そろそろ本題に入ってもらっていいですか？」

そうすると、多くの相談者は我に返った表情になって話をやめます。たまに、「どうして油井先生は、私の話を聞いてくれないんですか」

と言う人がいますが、

「時間が限られているので、どうでもいい話は聞きません」

とハッキリ伝えます。

ところが、私の指摘でいったんは話すのをやめても、しばらくすると再び「どうでもいい話」を始めるのです。

相手の都合も考えず、自分がここに来た目的さえも忘れて……。

それこそまさに、運勢が悪くなる悪循環なのに、その渦の中で永遠に堂々巡りをしていることに、自分では気づくことすらできないのです。

でも、本人はものすごく苦しいんですよ。私の役目は、その悪循環から少しでも早く抜け出せるように「運勢が好転するきっかけ」を提案していくことです。

私の人生を変えた衝撃のひと言

もうおわかりのように、私は相談者の話をじっくり聞くタイプの占い師ではありません。

では、最初からそんなスタイルだったのかというと、そうではなかったのです。

むしろ、占い師を始めた頃は、人の顔色をうかがってばかりでした。

「こんなことを言って、悪く思われたら嫌だなあ」

「こう言ったらバカにされるんじゃないだろうか」

と、周りの目を気にしすぎるような人間でした。そして、

「相談者のいいところを見つけよう」

「占いの後は元気になって帰ってもらおう」

と、がんばって「いい人タイプの占い師」を心がけていました。

だから、どんなに鑑定結果が悪くても「心配ないですよ」とポジティブな面だけを伝えていたのです。

ところが、占いを始めて1年目、29歳の頃のこと。私の鑑定スタイルを一変させる女性が現れました。関西在住の北山さん（仮名・20代女性）です。

いつものように鑑定結果を伝えると、

「なんでそんなにいいことばかり言うんですか。そんなことでは私の悩みは解決しません。こんなの占いでもなんでもないわ」

彼女のひと言に、頭をガツンと殴られたような衝撃を受けました。

「相談者はみんな、いい結果を期待しているはず」

「悪い結果を伝えると、二度と来てくれないかもしれない」

そう思い込んでいた私にとって、悪い鑑定結果をそのまま伝えることは、とても怖いことでした。

が、当時の私にはそれ以上の悩みがありました。

占い師を始めてはみたものの、なかなか相談者が来てくれなかったのです。

一度来た人も、なかなかリピーターにはなってくれない。自分と同世代の若い相談者が多くて、客単価が伸びない。まさにお先真っ暗……。どうしたらいいかわからず、頭を抱える日々でした。そんな私の前に現れたのが北山さんだったのです。

私は、北山さんのこのひと言をきっかけに、占いのスタイルを改める決意をします。

「そうだ！　言いたいことを我慢するのをやめて、自分の本音を伝えよう！」

そう決めた途端、

「油井さんの占いは当たるよ」

「油井さんは、本当のことを言ってくれる」

「油井さんの言った通りにしたら、職場の人間関係がラクになった」

と評判になり、みるみるリピーターが増え始めたのです。

この変化に誰よりも驚いたのは、私自身でした。もちろん、

「油井さんは私の話を聞いてくれない」
「言い方がキツくなった」

と離れていく人もいました。

かつての相談者が離れていくことに、寂しさはありましたが、それ以上に「本当の自分」を必要としてくれる人の多さに、自信と感謝の念が湧いてきました。

以来、鑑定に来た人のほとんどが、「またお願いします」と次の予約をして帰るようになったのです。

当時の私のように、人の顔色をうかがうあまり自分をごまかして、言いたいことを言えずに日々を過ごしている人は少なくありません。

しかも、言いたいことを言えない上に、人間関係が思うようにいかなくなるという悪循環に思い悩んでしまうのです。

私自身、自分をごまかして人の顔色をうかがって、得たものは何もありませんでした。それどころか、思うようにお客様が来ず、途方に暮れていました。

でも、北山さんの「あのひと言」のおかげで、悪循環から抜け出すことができたのです。

そして今は、離れていく人がいることも、いい意味であきらめています。何より当時と比べようもないくらい気持ちが楽になりました。

今では、「あのまま無理をし続けなくてよかった」と心の底から思っています。

2

「話を聞いてはいけない人」の見分け方

「友達」だと思っていたら「ただの知り合い」だった

コミュニケーションとは、自分の意見を一方的にぶつけるものではありません。お互いに思っていることを伝え合いながら、意見のすり合わせをしていく。それがコミュニケーションの基本です。

例えば、いつも話を聞いてばかりいる人が、自分の話を始めたとしましょう。その途《と》端《たん》に、無関心な顔をしてそっぽを向くような相手や、こちらの話をろくろく聞かず、自分の話に戻してしまうような人がいたら……。

そんな人は友達でもなんでもありません。

どうでもいい、ただの知り合いです。

ただの知り合いなら、無理をして付き合う必要はありません。顔色をうかがいながら話を聞く必要もないのです。

こちらの話をろくに聞きもしない相手の話など、聞いても無駄です。

どんなに話を聞いても、顔色をうかがっても、その人はこちらのことを大切に思っていないのですから。

「あの人なら何を言っても大丈夫」

「いつでも話を聞いてくれる都合のいい人」

そんな認識でしかないのです。

もう、どうでもいい相手の、どうでもいい話を聞くことで、あなたの心を擦《す》り減らさないでください。

もちろん、自分の大切な時間を使っては絶対にいけません。

「自分さえ我慢すれば」をやめる

占い業界は、人の話をじっくり聞いて鑑定する、いわゆる「寄り添い型の占い師」が圧倒的に多い業界です。

例えば、

- 自分の経験則や人生論をもとに話をする
- 相談者に質問をして、出てきた答えに同調する
- 「わかるよ、そうだよね」と寄り添うことで相談者を満足させる
- あたりさわりのないポジティブな鑑定結果だけを伝える

だから、本音を伝える占いスタイルは少数派です。

実は、占いで食べていくのは意外と大変です。開業した人の9割以上は10年以内に廃業していますから、お客様が来なければ即退場。とてもシビアな世界です。

都合のいい結果だけを伝えて、お客様をつなぎとめている「いい人占い師さん」

も少なくないのです。

ただ、占いというのは単なる人生相談ではありません。相談者の質問をなぞるように寄り添うだけなら、友人や知人に相談しているのと一緒です。

あたりさわりのない鑑定結果では、根本的な悩みの解決ができません。それが占いではないことを、私自身が思い知りました。

だからこそ、18年前、北山さんのひと言で一大決心をして「いい人」をやめました。それ以降、私の人生はガラリと変わったのです。

「どうでもいい人」から抜け出す決意をして、「どうでもいい人」の話を聞くのをやめる勇気を出した人、つまり「人の言うことを最後まで聞かなきゃ病」を克服した人から、どんどん人生が好転していきます。

これは、1万3000人の相談者と向き合ってきた私の確かな実感です。

だから、私は声を大にしてこう言いたい。

「いい人」＝「どうでもいい人」です。

そして私のところに来る相談者は、ほぼ全員「いい人」。

真面目で、自分のことは後回し。自分さえ我慢すれば丸く収まるからと、いつも周りに遠慮しています。

間違っても、

「僕は、自分の思い通りに楽しく好き勝手やってるんだけど、こんな僕に周りの人たちが困っているらしいから、どうしたらいいか占ってください」

という人は、一人も来ません。

だから、相談者のほとんどは、私のところに来た時点で、怒っていたり、文句を言ったり、イライラしたり、あきらめかけたりしています。共通しているのは、

「この人、いい人だからこうなっちゃったんだな」

ということです。

例えば、

● 上司の言うことを真に受けすぎて、「メンタルダウンしちゃった人」
● 義母とうまくやりたくて、必死でいい嫁をやって、「しんどくなっちゃった人」
● 自分勝手な友人に振り回されて、「疲れちゃった人」
● 不倫相手に言いたいことが言えなくて、「自己嫌悪に陥る人」……

つまり、

「自分さえ我慢すれば」
「相手の機嫌を損ねないように」
「波風立てちゃいけない」

と必死でがんばっている人たちばかりなのです。
そういう人へのアドバイスはこれだけです。

「いい人になるのは、やめなさい」

以前、こんなタイトルの本が売れたことがありますが、まさにそのタイトル通り。でも、それが簡単にできたら苦労しませんよね。

以前の私がそうでしたからよくわかります。ですので、ここからは「いい人をスッパリやめる方法」をお伝えしていきます。

「話の通じない相手」には、感情のスイッチを切る

さて、相談者さんからこんなふうに聞かれることがあります。

「どうしたら『いい人』をやめられますか？」

「私だって『いい人』をやめたいけど、やめられないから困っているんです」

そんな時は、こうアドバイスしています。

「まず、どうでもいい人の話を聞くことからやめてください」

すると、こう返ってくるんですね。

「どうでもいい人の見分けがつきません」

そこで、

「誰でも簡単にできる『どうでもいい人の見分け方』を教えます」

と言って次のことをお伝えしています。

「自分の話ばかりするくせに、あなたが話し始めると急に話題を変える人。もしくは、つまらなそうな顔をしてあなたの話を聞かない人です」

するとここでようやく、

「あ、そういう人います」

「わかりました。やってみます」

と納得してくれます。

みなさんの周りにもいませんか？　こちらの話をし始めた途端、つまらなそうな顔をする人や話題を変える人、さえぎって自分の話を始めてしまう人。

そういう人は、どんなに偉い人であっても、影響力のある人であっても要注意です。

繰り返しになりますが、あなたの話を聞かない人は、あなたのことを大切に思っていません。あなたのことを、ただの都合のいい人としか思っていない人です。そんな人が現れたら、「相性が悪いのかも」くらいに思って、感情のスイッチを切ってしまっていいのです。

もし、その人が話を始めても、話半分くらいで受け流してしまいましょう。真面目に話を聞くことはありません。上の空くらいがちょうどいい。

もちろん話の途中で切り上げてもOKです。とはいっても、そんなことをしたら、相手から悪く思われるんじゃないかと不安になりますよね。

大丈夫です。ここからは、むしろ相手との距離をとった方がうまくいく具体例を紹介していきます。

こういう人の話を聞いてはいけない

3 話すのを「あきらめる」とこんなにラクになる

無理に仲良くしようとするから、モヤモヤするのだ

「もういい人をやめよう」「どうでもいい人の話は聞くな」と言われても、いきなり無視したり、話を途中で切り上げたりするというのは、なかなか難しいものです。

そこで、おすすめしているのが、

「話を聞かない」＝「ムダに心の距離を縮めない」

ということです。

私たちは会話をする時「無意識」のうちに、相手と心の距離を「縮めよう縮めよう」と努力しています。

例えば、

「初めて会う人には笑顔で」

「話は最後まで聞こう」

「相手の意見を否定しない」

「いいところを見つけてほめる」

ということは、やった方がいいと言われていますよね。

しかし、面白いことに、世の中で「やった方がいい」と言われていることは、自分に当てはめてみると、だいたいやらない方がいいことが多いものです。

この場合もそうです。関係性に発展が見込めない人や、関係性が壊れている相手と「心の距離を縮めよう」としてもムダに疲れるだけ。

それどころか、近づき過ぎたばかりに、関係性の悪さから、余計に「モヤモヤした気持ち」を抱えることになってしまいます。

心に居座る「モヤモヤさん」を追い出す方法

ここで、実際にあった相談者の事例をお話ししましょう。

事務機器メーカーに入社して3年目の営業マン、武田さん（仮名・20代男性）の話です。

武田さんには、5つ年上の上司の小川さん（仮名）がいました。

小川さんは、いわゆるできる営業マンで、お客様の懐《ふところ》に飛び込むのがうまく、得意先からの信頼が厚いことで有名でした。

武田さん自身も、小川さんのことが大好きで、終業後に一緒に飲みに行くこともしばしば。休みの日も、草野球を一緒にするなど良好な関係でした。

ところがです。武田さんの営業成績が伸び悩み始めたあたりから、小川さんの武

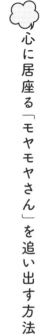

田さんを見る目が厳しくなりました。会話はどんどん減っていき、気づいたら業務のこと以外は話さない間柄になっていました。

困った武田さんは、小川さんとの距離を縮めようと「小川さん、一緒に飲みに行きませんか」と誘うのですが、小川さんはのってきません。

ある時は「相談があるから」と無理に付き合ってもらい、小川さんと話をしようとしました。ところが話もそこそこに切り上げられ、わだかまりは残ったまま。

そこで彼は、私のところに「小川さんと以前のような関係に戻るにはどうしたらいいですか」と相談に来たのです。

私はその話を聞いて、「今は無理に話そうとしない方がいいですよ。それより、別のアプローチをしていきましょう」と伝えました。

しかし武田さんは、「あんなに仲良くやっていたんです。口もきかないなんて、寂しいじゃないですか。なんとか前のような関係に戻りたいんです」と言って納得しません。

そこで「別のアプローチを試すのが、最も早く効果がありますよ。しかも、思ってもみないほどの効果が実感できるはずです」と伝えると、渋々「やってみます」と言ってくれたので、次のように伝えました。

「まず、仕事モードの自分とプライベートの自分、という具合に『キャラクターを切り替えて話す』ことを意識して、常に頭の中でイメージしてください」

「例えば、仕事モードの武田さんは、バリバリ仕事ができて社内を颯爽《さっそう》と歩いている。お客様の信頼が厚く営業成績もバツグン。一方、プライベートの武田さんは、優しい父親であり理解ある夫で、家族仲がとってもいい。趣味の草野球でも、メンバーみんなから慕われて、頼りにされている」

「つまり『なりたい自分をイメージ』して、それを文章にしてください。それを紙に書いて壁《かべ》に貼り、夜寝る前と朝起きたらすぐに読む。それを毎日の習慣にして、やってください。そして、小川さんとは絶対に無理に話そうとしないこと」

武田さんは、半信半疑ながらも「やってみます」と約束して帰っていきました。

しばらくして、武田さんがとても喜んだ様子でやって来て、こう言うのです。

「油井さん、小川さんと以前のように飲みに行ったり、草野球をできる間柄になりました。関係もすこぶる良好です。ありがとうございます！」

聞くと、紙に書いて朝晩読むようになってから、みるみる営業成績が回復して、小川さんの方から「最近、がんばっているな」と声をかけてくるようになったのだそうです。しかも、課内で一番になると「すごいな！ 今度話を聞かせてくれよ」と飲みに誘われたのだとか。

でも、私が一番うれしかったのは、武田さんが最後に言ったこの言葉でした。

「油井さん、実は小川さんのことが、以前ほど気にならなくなったんです。モヤモヤが晴れて、なんだかとても気が楽になりました」

武田さんの例からもおわかりでしょう。

既に関係性が壊れている相手と無理に話しても、心の距離が縮まるわけではありません。それどころか、うまくいかずにモヤモヤするばかり。

むしろ、心の距離を縮めるのをあきらめる。

そうすると、相手と接しない分、心にスペースができるので「自分自身がどんな人生を送りたいのか」にフォーカスできるようになります。つまり、「自分の思考」がクリアになるのです。

その結果、あなたを悩ませていた「モヤモヤさん」が「あなたの心の中から出ていく」ので、いつの間にか気にならなくなるのです。

まずは、「不毛な関係」において、心の距離を縮める努力をやめて、

人の話を聞かない練習＝心の距離を縮めない練習

をしてみましょう。

それこそが、多様化が進む現代に生きる私たちに、最も必要なノウハウなのです。

ということで、次は自分自身の心を守るための「心の距離を縮めない話し方」についてご紹介していきます。

第2章

運がいい人の話し方3つの共通点

4
相手によって話し方を変える「カメレオン話法」

相手によって「話し方」を変えた方がいい理由

「心の距離を縮めない話し方」には、大きく3つの方法があります。

1つ目は第1章の最後、武田さんのエピソードでふれた、なりたい自分、周りの状況にピッタリな自分になりきって話す「**カメレオン話法**」です。

生活が多様化した現代において、私たちは様々な役割を求められています。職場なら、上司、部下、同僚、お客様に見せる顔。家庭なら、パートナー、子ども、両親、親戚《しんせき》に見せる顔。

私も、時と場合によって話し方や伝え方、声のトーン、態度や表情まで変えています。まるでカメレオンのように「その場に最適な色」を身にまとうことで、人間関係を円滑にしているのです。

私がカメレオン話法を使うのには、明確な目的があります。
それは、相談に来てくれた人の悩みを解決するためです。

- 若い男性は、とにかくほめる。(自信をなくしている場合が多いため)
- 経営者には、厳しめに接して心を揺さぶる。(普段怒られることがないため)
- 恋愛に悩む女性には、その人に恋をしているつもりで話す。(とにかく親身に)

このように、相談者によって話し方をガラリと変えることで、解決方法を理解しやすくし、占いの効果を最大限に上げているのです。

カメレオン話法のコツは、役割や状況によって「自分が心地よく過ごせるキャラクター」を設定すること。

例えば、『人気占い師養成講座』をやっている私には「先生」としての顔もあります。複数の人に伝えなければいけない「先生」と、一対一の対面で行う「占い師」とでは、話し方や伝え方を変えなければ、相手に話が伝わりません。

さらに「経営者」の顔、休日に家族といる時、趣味を楽しんでいる時と、それぞれのシチュエーションに応じて、意識的に話し方を変えています。

「カメレオン話法」は、無防備な心を守る最強の防具

自分のキャラクターを変えて話す「カメレオン話法」は、繊細《せんさい》な人や周りに流されてしまう人に、特におすすめしています。

なぜなら、素のままの「無防備な状態で傷ついてしまう心」を守る、最強の防具になるからです。

キャラクターを変えることで、自分の心にフワリと防御層をまとう感じになり、衝撃を吸収してくれるのです。

ところが、実際にやってみようとなると、

「キャラクターって、どんなのがあるの？」

「実際にどうやってやるの？」

となるので、例をあげていきますね。

例えば、ちょっとしたことでクヨクヨしてしまう性格の人がいたとします。その人が、大事なプレゼンを前にして、緊張で何も手につかないとしましょう。

その場合は、プレゼンの達人であるスティーブ・ジョブズになりきって、人前で堂々と話すことができるようにイメージすると、本当にできるようになるのです。

方法はいたってシンプル。「僕は、堂々と話すスティーブ・ジョブズだ」と何度も自分に言い聞かせて、うまくいっている自分をイメージするだけ。

プレゼンの準備をしている時から、夜寝る前、朝起きた時にもやってみてください。声に出さなくてもいいですが、声に出すとより効果的です。（この方法は後述の

「深層自己説得」の一つです。第3章でも詳しくお伝えしていきますね）

さて、カメレオン話法の具体的活用例を紹介しましょう。

私の相談者には、女性と話すのが苦手で悩んでいる男性が多くいます。こうした男性の多くはとてもナーバスで、自分への気遣いでいっぱいいっぱいの状態です。

「こんなこと言ったら、（自分は）どう思われるかな」

「なんとか（自分を）よく思ってもらいたい」

「（自分なんて）きっと相手にされない……」

と、自分のことばかり。とてもじゃないけど、話す以前に相手に気遣いができる精神状態ではありません。

そんな「自分ばかりに注目している無防備な状態」で人と話すと、その繊細《せんさい》な心はちょっとした振動で傷つき、あっという間に再起不能に陥ります。

こんな時に役に立つのが「カメレオン話法」です。

自分の心を守る「カメレオン話法」

女性とスムーズに話したければ木村拓哉さん、優等生ならドラえもんの出木杉《できすぎ》君、元気のない人を励ましたければ松岡修造さん、というように「自分がなりたいイメージ」のキャラクターを頭の中に連れてきましょう。そして、「その人ならどんなことを言うだろう」と想像しながら話す。

実在の人でも、アニメのキャラクターでも、身近な人でもかまいません。大切なのは、自分がイメージしやすいキャラクターを連れてくること。あとは、そのキャラクターだったら「こんな時どんなことを言うかな」とイメージしながら話すだけです。

そうすると、自分もキャラクターに注目するので、「自分ばかりに注目している無防備な状態」から抜け出せるのです。

これが、慣れてくると驚くほど楽しくなってきます。相手との間に、キャラクターというワンクッションがあることで、心に余裕ができて人間関係がとっても楽になるからです。

自分の代わりに、キャラクターに働いてもらうイメージをするといいでしょう。

そうはいっても、いきなり人前で「カメレオン話法」をやるのは……、という人は、仕事の日（オン）と休みの日（オフ）の切り替えから始めるといいですよ。

スムーズなコミュニケーションは、自分だけでなく相手の心も楽な状態。だから、お互いの気持ちや言葉が伝わりやすくなります。

すると、モヤモヤを感じていた人間関係が、一気にスッキリしていきます。

運気を上げていくには、人間関係に煩《わずら》わされない状態をつくる。つまり心のモヤモヤをなくすのがとても重要なのです。

5 気の合わない人間からは徹底的に逃げる

逃げる覚悟をもてば無敵

「心の距離を縮めない話し方」の2つ目は「**物理的に距離をとる**」です。

例えば、職場でムダ話ばかりしてくる「時間泥棒」がいたら、できるだけ接触しない環境をつくります。

机が真向かいなら、机の上に本棚や資料置き場をつくって、相手の顔が見えないようにする、机の向きを変える。会議で隣に座らないようにする、連絡はメールでする、飲みに誘われても行かない……

どうしても改善できない場合は、職場異動や転職、引っ越しも視野に入れる。

気が合わないと感じたら、徹底的に逃げる

顔を見なくてすむ工夫をする

ムダな誘いにのらない

連絡は極力メールで

会議で隣に座らない

「そこまではできない」

と思うかもしれませんが、

「どうしてもイヤな人や、モヤモヤする人から離れられずに困っているのなら、真剣に考えてみてください」

と、相談者にはお伝えしています。

なぜなら極論を考えることで、その人とどれくらいの距離感なら付き合えるのか、どれくらいの付き合いなら許容できるのか、「自分の本音」に気づくからです。

本音に気づいて、覚悟を決めた途端、

「転職や職場異動するくらいなら、あの人と同じ職場であることは仕方がない。でも、僕があの人の話に付き合わないことで、どう思われようとたいしたことはない」

と思えるようになります。

相手の感情は、あなたとは1ミリも関係ない

ところが多くの人が、相手と心の距離が離れることに怖れを抱いています。

驚いたことに、自分にとってモヤモヤMAXのイヤな相手だったとしてもです。

「話の途中でさえぎったら嫌われるかも……」

「話を最後まで聞かないと、ひどい奴って思われるかも……」

といった根拠のない「罪悪感」に苛《さいな》まれるからです。

でも、考えてみてください。相手と距離が離れたからといって、あなただけが悪いのでしょうか。そもそも距離が離れるのって、悪いことなのでしょうか？

そんなことはありません。あなたが距離をとるのは、あなたの話を聞かない人。

そして、あなたのことを大切に思っていない人です。

そんな相手に罪悪感を抱く必要はまったくないのです。

もし距離をとったことで、相手が怒ったとしても気にすることはありません。

それは、「相手の問題」だからです。

「相手の感情は、あなたには1ミリも関係ない」

どうか、このことを頭にしっかりと刻み込んでください。

その上で、「相手にも怒る権利があるし、自由がある」と、相手が怒ることを許容してみましょう。

大丈夫です。相手が勝手に怒るのは、1ミリもあなたのせいではないのですから。それがわかった時、あなたは心から「全方向快適な距離感」で過ごすことができるようになります。

いい環境が、いい話し方をつくる

私も、物理的に距離をとって気づいたことがあります。それは、生まれ故郷の山形を離れた時のことです。

私は、生まれも育ちも山形ですから、近所を歩くと全員顔見知りです。

髪を切ると「あら、サッパリしたわね」と言われるし、平日の昼間に散歩していると「今日は、お仕事お休みなの？」と聞かれたりしました。

当時の私は、家から離れた場所で開業していました。なので、平日に散歩していると、仕事がなくてブラブラしていると思われたのでしょう。

だから、何を言われても「そうなんですよ」とあいまいに返していました。


でも、東京に出てきた時に、はっきりとわかったのです。

私は、こうしたことにかなりのストレスを抱えていたのだ、と。

東京では、平日に家で仕事をしている人もたくさんいますし、占い師もたくさんいます。いつどこで何をしていようと、誰からも何も言われません。

しかし、山形ではそうはいきません。そもそも、東京ほど人が多くないので、どこの誰だというのがすぐにわかってしまいます。

もちろん、それらすべてが悪いわけではありません。コロナ禍では、東京から地方へ移住した人がたくさんいると聞きます。隣人が何をやっている人かわからない都会より、近所の人の顔が見えるような環境に身をおきたい、という人もいるでしょう。なにより自然が多く、東京にはない豊かさを享受できますから。

しかし、私の場合は東京が合っていました。

占い師という仕事は、基本的に自分で働く時間や場所を決めることができ、パソコンさえあれば出勤する必要もありません。時間も朝昼夜、自由に使えます。

東京では、周囲の人に「占い師です」と言っても、「そうなんですね～」くらいで余計に説明する必要もありません。

東京に出てきてからというもの、仕事運・金運・対人運がぐんぐん上がっています。実業家仲間とも、新事業展開の有意義な話で盛り上がることもしばしば。

私にとって東京は、「適度な心の距離感がとれる環境」だったのです。

ですから、あまりにも今の環境に窮屈《きゅうくつ》さを感じているなら、自分に合った環境に身をおくことをおすすめします。

6

「運のいい人」「運の悪い人」その差はココだ！

経営の神様流　超幸運体質のつくり方

「心の距離を縮めない話し方」の最後、３つ目は**「心の距離は自分で決める」**です。

占い師として多くの相談者を見てきましたが、「運のいい人、悪い人」を決定的に分けているのは、

「主体性があるかないか」です。

人生は、主体性がないとうまくいきません。

例えば、運の悪い人はこう考えます。

「運が悪いのは、先祖運が悪いからだ」

「自分がお金に困るのは、親が貧乏だから」

「今年は運勢が悪いから、何をやってもうまくいかない」

「異性に縁がないのは、親の遺伝で顔がブサイクだからだ」

一方で、運のいい人はこう考えます。

「先祖は先祖、自分は自分。自分の力で運を切り開こう」

「自分次第で、豊かになれる時が必ずやってくる」

「今年の運勢はよくないが、今の自分にできることをやろう」

「自分の顔も含めて今の自分がある、だから他人の評価はあまり気にならない」

もうおわかりでしょう。

運の悪い人は、人生すべてを他人のせいにする「他責癖《たせきぐせ》」がついているのです。すべてが他人によってもたらされている。そこに「自分」がいないのです。

裏を返すと「自分の人生を人任せにしている」極めて不安定な状態です。運が良くなるわけがありません。

「じゃあどうすればいいの？」ということで、パナソニックの創業者、経営の神様とよばれた松下幸之助さんの事例を紹介しましょう。

父親が米相場で失敗し、小学校も4年で中退しないといけないほど困窮《こんきゅう》した子ども時代を過ごした松下さん。身体も弱く20歳で肺尖《はいせん》カタルにかかるなど、長期療養も余儀なくされました。

それでも松下さんは、貧乏も、学歴のなさも、病弱だったことも、これらはすべてプラスだとして、「自分は運が強い」と自分自身で決めていました。そして常に主体的に行動し、社員25万人、グループ売上7兆円企業の基礎をつくり上げたのです。

松下さんが、ある採用面接で、

「君は運が強いか？」と尋《たず》ねていたのは有名な話です。

松下さんは、どんなに学歴や経歴が立派でも、自分自身で運が強いと言えない人を決して採用しませんでした。

人生は誰かにつくってもらうものではありません。自分でつくるものです。自分自身で自分のことを決められる人が「運の強い人」なのです。

心の距離も同じで、「心の距離は自分が決める！」と強く思うことが重要です。

「相手が話しかけてくるから仕方がない」
⇓自分が話したいから話す
「イヤな相手とも多少我慢して話をしなければ、孤立してしまう」
⇓自分がイヤな思いをする会話にわざわざ参加しなくていい

というように、主語を自分にして「相手視点」を「自分視点に戻す」習慣をつけてみましょう。

そして、付き合いたくない人とは、心の距離をとる。

そう、すべては「自分が決める」のです。

「最近、付き合い悪いよね」という悪魔のささやきに耳を貸さない

あなたが「どうでもいい人」との心の距離を、自分の意志で決め始めた時、「〇〇さん最近変わったよね～」とか、「付き合い悪いんじゃない？」という声が聞こえてきたら、心がざわめいてしまいますよね。

そんな時こそ、「心の距離は自分が決める！」と強く思ってください。その声は、あなたをもとの場所に連れ戻そうとする「悪魔のささやき」なのです。

さらにやっかいなのは、そのささやきをあなたが乗り越えようとした時、さらに近くから別のささやきが訴《うった》えかけてきます。

「今までの方が慣れているし、もとの状態（場所）に戻った方がいい」

これが、「自分の中にいる悪魔」の最後のささやきです。

人は、すぐには変われません。ついつい、

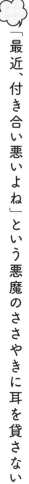

「そんなに波風を立てなくてもいいじゃないか」

「いつもみたいに自分が少し我慢すればいいんだから」

と、自己説得をして、もとの場所に戻ろうとします。

でも、その声に絶対耳を貸してはいけない。そして、どうか後ろを振り返らないでほしいのです。


もちろん、うまくいっている人間関係ならそのままでいいのです。問題は、モヤモヤする相手や、話すといつも自分が落ち込む相手との関係です。

もちろん、全面的にシャットダウンするのではなくて、
お互いのために「いったん」心の距離をとる。

そして、その距離感を相手が決めるのではなく、自分が決めるんだと強く思うこと。

それだけで、あなたの世界は必ず変わっていきます。

モヤモヤする相手とは、心の距離をとれ！

悪魔のささやきに耳を貸してしまう人

悪魔のささやきに屈しない人

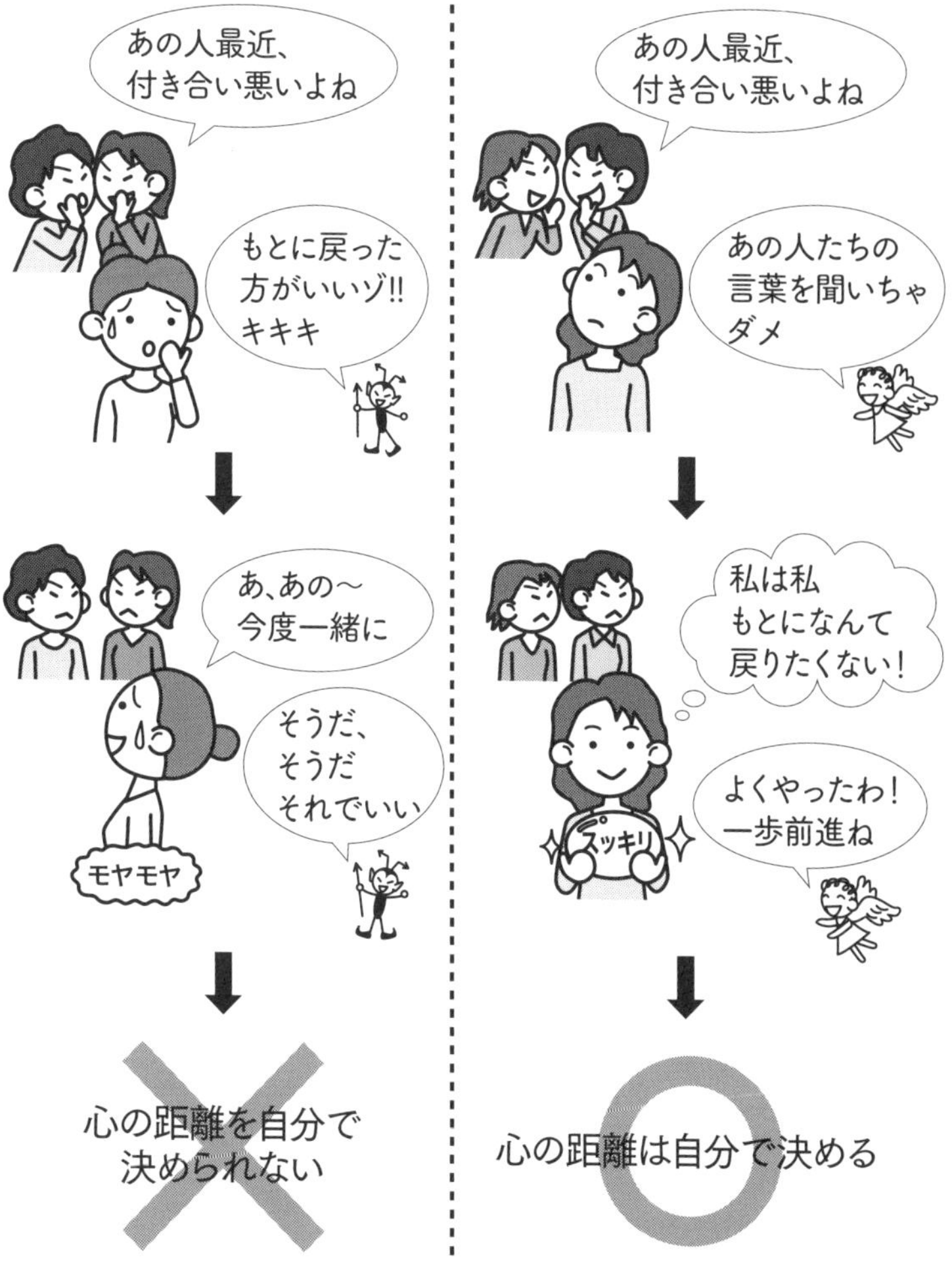

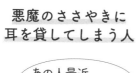

いったん心の距離をとる、と決心すると、あなたを悩ましていた人間関係が、ゆっくりと、でも確実に変化していくからです。

悪魔のささやきを振り切ったあなたの周りは、大好きな人や大切な人ばかりになっていきます。

すると、ある時ふと気がつくのです。今まで苦手だと思っていた人と、なんのストレスもなく話をしている自分に。

「別れ」には、必ず意味がある

人は、離れてから気がつくことがたくさんあります。

私も東京が合っているとは言いましたが、いったん故郷を離れると決めたからこそ、故郷の良さやありがたさが、わかるようになりました。

今ではむしろ、山形へ帰郷するのが楽しみになっています。

恋愛でも、いったん別れたことで、相手をいかに愛していたのかを自覚して復縁、そこから結婚したというのはよくある話です。

家族の場合も、離れてからの方が仲良くなるケースが多くあります。家にいる時には喧嘩《けんか》ばかりだったのに、単身赴任をきっかけに、夫婦の絆《きずな》が深まった相談者もいました。

繰り返しになりますが、心の距離は常に変化します。いったん離れるのは決して悪いことではないのです。


実際、人間関係がうまくいかないと悩んでいる人の多くは、自分と相手との距離感が近ければ近いほどいいと「錯覚《さっかく》」しています。

心の距離を無理に近づけようとするから、うまくいかないと頭を抱える。

伸縮性のある糸でお互いがつながっていると想像しながら、今は少し距離をとろうといったん離れることも大切なのです。

落ち着いたらまた近づけばいいのですから、いったん離れても大丈夫。

「また御縁がある時に」と気楽に考えてみましょう。
もう一度言います。「別れ」は決して悪いことではありませんよ。

第3章

運のいい人はやっている！どうでもいい人をやり過ごす3つのテクニック

7 「挨拶」だけでどうでもいい人をかわす

挨拶をする人が幸運を引き寄せる「科学的根拠」

ここまで「心の距離をとる話し方」についてお伝えしてきました。でも「心の距離」といっても、目に見えませんからイメージしづらいですよね。

そこで第3章では、いよいよ心の距離が見える基礎練習をしていきます。

これを実践した相談者から、

「人と話すのが苦痛じゃなくなった」

「どうでもいい人の話がスルーできるようになった」

という声がたくさん寄せられています。それでは、早速始めていきましょう！

最初の基礎練習は「挨拶」です。

- 挨拶は、元気よく
- 挨拶は、大きな声で
- 挨拶は、笑顔で

と子どもの頃、私も学校で教わりました。実際、これを実践すれば「運の上がる話し方」が身につきます。「挨拶はコミュニケーションの基本」です。

「え？　挨拶をすると、むしろ相手と話すきっかけができて、心の距離が縮まってしまうんじゃないの？」そう思ったみなさん、私の場合は「挨拶をする理由」が違います。それは、

どうでもいい相手とムダに会話をしない

そのために「挨拶が重要」なのです。ただ、

「ん？　挨拶と、どうでもいい相手と話をしなくていいことと、どうつながるの？」

と思う人もいるでしょう。そう思うのも無理はありません。ですので、

「自分の心を整えて主体的に話すために、挨拶をしましょう」

とお伝えしています。


さて、具体的な話の前に、「挨拶」という漢字を一つひとつ紐解《ひもと》いてみましょう。

挨（あい）：おす、ひらく、近づく。

拶（さつ）：せまる、押し寄せる。

「挨拶」というのは、双方で交わすものという印象がありますが、実はどちらの漢字も、自らが能動的に動くことを表しています。

ここから、挨拶はされるものではなく、自らするものだということがわかります。第2章で述べた通り、運のいい人は何事も「主体的」。挨拶も同じなのです。

最初に、自分から挨拶をすることで、

「自分がこの会話をコントロールするんだ」

という意識がもてるようになります。

私も経験上、自分から声を出していくことの重要性を強く感じています。

私は高校球児だったのですが、強いチームほどよく声を出します。

これは、「シャウト効果」といって、科学的に証明されているものです。

「シャウト効果」とは、大きな声を出すことで筋肉の力を限界値まで発揮させ、5〜6%程度の筋力の出力アップが見込める心理効果のことです。大きな声を出すことで一時的に呼吸が深くなり、持続力や集中力が増す効果もあるそうです。


さて、話を戻しましょう。

つまり、最初に「自分から大きな声で挨拶する」ことで、相手に負けないメンタルを養うことができるのです。

私が占いをする時も、ハッキリと大きな声で「こんにちは！」と元気よく始めます。この場合は、相談者と気持ちの良いコミュニケーションをしようという気持ちと同時に、「この会話に、主体的に参加するんだ」という思いを込めています。

ただし、声量は人によって違いますから、自分らしい元気ではっきりした声でかまわないのです。大きな声を出せない場面では、深呼吸をして、笑顔で心を込めた挨拶ができるといいですね。

挨拶だけで「どうでもいい人」「運の悪い人」を見分ける方法

挨拶には、メンタルを整える以外にも、重要な役割があります。それは「相手が自分にとって大切な人か、どうでもいい人かを見極める」というものです。例えば、

①挨拶をしても、挨拶が返ってこない人

②挨拶する時に目を合わせない人

③挨拶もそこそこに、自分のことを話し始める人

こういう人はあなたにとって、どうでもいい人たちです。失礼な挨拶をすることで「私は運が悪い人なので、近寄らないでください」と教えてくれているのです。

挨拶だけで運の悪い人はわかる！

①挨拶が返ってこない人

②目を合わせない人

③挨拶もそこそこに、自分のことをしゃべり始める人

まず「挨拶が返ってこない人」はあなたと交流する気がないので、放っておきましょう。

次は、「目を合わせない人」。挨拶は、お辞儀の角度や丁寧さよりも「目を合わせること」が大切です。私のところに来る相談者を見ていると「目を合わせない人」は主体性に乏しく、常識の範囲が狭い。だから圧倒的に運が悪い人が多いのです。

最後の「挨拶もそこそこに、自分のことを話し始める人」は、相手とコミュニケーションをとりながら会話を進めようという気がない人です。このタイプにつかまると、延々と自慢話や本人だけにメリットのある話に付き合わされることになります。

ですから、早めに話を切り上げるか、挨拶がすんだら「用事を思い出した」と言って、すぐに立ち去りましょう。

8

「沈黙」を使って「振り回されない人」になる

会話は続かなくてもかまわない

元気な挨拶で、主体的に会話ができるメンタルになったら、次に大切なのは「沈黙（間《ま》）」です。よく、

「挨拶の後、何を話したらいいかわからない」

「会話が続かない」

「沈黙が怖い」

といったことを耳にします。しかし、会話は続けないといけない、黙っていては気まずいという意識の強い人ほど、どうでもいい人の話に巻き込まれがちです。

なぜなら、「相手に嫌われたくない」「いい人に見られたい」という心理を、どうでもいい人に利用されてしまうからです。

沈黙の気まずさを利用されないためにも、「間」を操る技を身につけていきましょう！

話し方で最も大事なのは「間」

まずは「間」を怖がらないためのテクニックをお伝えします。それは、

自分で自分を説得する（深層自己説得）

というものです。

「深層自己説得」とは、第2章の「カメレオン話法」でも出てきましたが、成功イメージを高めて願いを叶《かな》える、いわゆる「願望実現」に使われるテクニックです。

「間」が怖い人というのは、沈黙することにマイナスイメージがあります。

「間があくとつまらない人間だと思われる」

「つまらないと嫌われる」

「間が気まずい、どうしたらいいんだろう」

この「間」に対するマイナスイメージを覆《くつがえ》すために「深層自己説得」を使います。

まず大前提として、会話は双方のコミュニケーションによって成り立っているものである、という認識を強くもちましょう。

だから、「間があく」＝「沈黙が続く」のは、あなただけのせいではないのです。

相手だって、話すことを考えているか、話すことがない状態です。

つまり、双方の責任ですから、一方的に罪悪感をもつ必要はありません。

あえて言うなら「間があいている責任は相手にもある」ということです。なのに「間」を怖がって、不用意に言葉を発してしまうと、それは相手に伝わります。

相手が好意的な人ならかまいませんが、「どうでもいい人」であった場合は、その心理を見透かされて、巧みに利用されてしまいます。

ですから、自分のターンで「間」があいて怖くなってしまった時は、

「沈黙が続いたからといって嫌われるわけじゃない」

「沈黙が続いたからといって嫌われるわけじゃない」

「沈黙が続いたからといって嫌われるわけじゃない」……

と心の中で何度も何度もつぶやいて、自己説得しましょう。深呼吸も忘れずに。

某人気アニメのシンジ君も「逃げちゃダメだ」「逃げちゃダメだ」「逃げちゃダメだ」……と言って自己説得を繰り返して出撃しました。あんな感じです。

そのうちに、相手の方から「ところでさあ〜」とか「最近思うんだけど……」と会話を続けてきます。あとはそれに乗っかっていくだけ。

無理して自分から話す必要はないのです。

仮に「間がもたなくて、つまらないヤツ」と思って離れていく人がいたら、「どうぞ離れていってください」と心の中でつぶやきましょう。

なぜなら、その人はあなたにとって「どうでもいい人」だからです。

「間」を怖がると利用される

9
「電話」を最強のコミュニケーションツールにする

「相手のペースに巻き込まれがちな人」ほど「電話」がいい

3つ目に紹介するのは、「電話」です。

「言いたいことが言えず、我慢して自分を押し殺してしまう」
「本音を言うと相手に嫌われちゃう」
「いつも人に振り回されてばかりいる」

と感じるのはなぜか。それは、

コミュニケーションが後手に回っているからです。

だから解決方法は、挨拶と同じ。

先手を打つためのテクニックを磨いていくのです。

メールやチャットが全盛の今、直接話さずにすむコミュニケーションツールが増えています。

メールやチャットは記録が残るので、仕事上で活用している人も多いでしょう。また、自分の都合で発信できるし、自分の都合の良い時に読めばいいので、プライベートでは気軽な連絡手段として重宝します。

しかし、メールやチャットの盲点は、本心がわかりにくいという点にあります。元気がなかったとしても、元気なイラストが描かれたスタンプを押せば、元気な「ふり」ができます。

その「ふり」が、勘違いや誤解を生むこともあるのです。

だからメールやチャットの場合、最初は小さな火種だったものが、やりとりを続けるうちに大きな火事に発展することがよくあります。

結局、重要なことって直接話さないとわからないことが多いのです。

そこで、「面と向かって話すのがなんとなく苦手」「顔を合わせると、相手のペースに巻き込まれてしまいがち」、でも「メールやチャットだと、自分の意思がうまく伝えられない」という人に、おすすめしているのが「電話」です。

なぜなら、自分都合でかけることができるし、自分の気持ちの準備ができていない時は、かかってきても出なければいいからです。

もし、相手のどうでもいい話に巻き込まれそうになっても、「今から電車に乗るから」とか「宅配便が来たから」と言って、途中で切ることもできます。

電話は、主体的に話すのがまだまだ苦手、という人の練習にはピッタリなのです。

本心は「声」に出る

また、主体的に話ができない人の特徴である「人にお願いするのが苦手」というマインドを変えていくのにも、電話が役立ちます。なぜなら、自分の都合で使えることに加えて、「声」で相手の本心がわかるからです。

本心は「声」に宿ります。

電話は、声だけを頼りにコミュニケーションをしなければいけません。

「怒っているかな?」

「機嫌はいいかな?」

「忙しそうかな?」

自然と第六感をフル稼働して、見えない相手の本心を察知しようと努めます。

また、顔が見えないので、丁寧に伝えようと言葉も選びます。見えないからこそ丁寧に、真剣に。

例えば、お願いしている仕事に、追加で依頼事項が発生したケースを考えてみましょう。

〔チャットの場合〕

A:「納期を21日でお願いしている原稿なのですが、4日前倒しの17日にアップをお願いできますか」

B：「ごめんなさい、他の仕事が入っていて難しいので、予定通りでお願いします」
で終わりです。

〔電話の場合〕

A：「21日納期でお願いしている原稿ですが、17日アップは難しいでしょうか？」
B：「う〜ん、そうですね〜」
A：「では、19日ならどうでしょう？」
B：「ああ、19日ならできるかもしれません。やってみますね」
A：「お忙しいところ、ありがとうございます！」

と、声や話し方の感じで交渉できるんですね。

そして、相手の表情に惑わされないのも電話のいいところ。相手の顔色をうかがう必要がないので、交渉に集中できます。

電話はお互いに、伝えよう・聞こうという立場が明確になるので、話し下手な人でも伝える土俵に上がることができるのです。

今こそ「電話」

チャットツールは本心がわかりにくい
今日の締め切りどうですか
ゴホゴホ
少し体調が良くないのですが、できるだけがんばってみます
絵文字、元気そうだしまぁ大丈夫そうだな
ハア……
じゃあ待ってますね(^^)
電話は気持ちが伝わりやすい
今日の締め切りどうですか
ゴホゴホ
ここは電話しよう！
2日後でどうでしょう？
今日ちょっと体調が悪くて
電話してよかった

昨今は、ついチャットツールを使いがちですが、重要な話や、交渉に苦手意識がある人こそ、電話を活用すると、コミュニケーションで先手を打てるようになりますよ。

第4章

運の悪い人、
困った人をかわす方法

10

他人を否定せずにはいられない人

みなさんの周りで、「こんな人に困ってる」「あんな人にモヤモヤする」ということはありませんか。第4章では、相談者のエピソードをもとに、身近にいる「あの人」をかわすための話し方をお伝えしていきます。

「常識」という病

私のところにやってくる相談者の中で、最もやっかいなのが否定的なことばかり言う人です。何かアドバイスしても、すぐに「違います」「なんでですか」「やりたくありません」「無理です」と返してきます。

こういう、否定的なことばかり言う人の心の裏側にあるのは、「私は間違っていない」「私は絶対に正しい」という心理。

つまり、「自分は正しく常識的なのに、周りの人ときたら……」という考えにとらわれている人です。

結果、本人の「常識」が邪魔をして、周りとの関係がギクシャクしてしまいます。

数年前のこと。職場の人間関係で悩んでいるという、川口さん（仮名・50代女性）から「後から入社してきた人たちに仲間はずれにされて困っている」という相談を受けました。

彼女は部屋に入ってくるなり、挨拶もそこそこに、こう話し始めました。

「経験が浅くて、仕事もろくにできないくせに……」

「（グループのリーダーである）Aさんはそもそも常識がない人なの」

「介護を受ける人への気遣いができていないのよね」

「陰で私の悪口ばかり。ほんとに嫌な気分」

と相手への愚痴や不満が止まりません。途中で私が、

「先ほどから相手の悪口しか言っていませんよ」

と言っても、

「そんなことありません。向こうの方がよっぽど私の悪口を言っているんだから」

とまったく聞く耳をもちません。最後には、

「常識がないのよ、あの人たちは。周りへの気遣いが全然足りていないの」

ですませてしまいました。


悪口がひと段落したところで、私はこう言いました。

油井：「常識がない、周りへの気遣いが足りない、とおっしゃっていますが、川口さんも私への配慮がありませんでしたよ。靴は揃《そろ》えないし、挨拶もこちらを見ずにチョコンと首を下げただけ。話を始めたら一方的で、こちらの話は一切受け付けない」

川口：「そんなことはないわ。私はちゃんとやっています！」

油井：「それなら、靴を脱いだら揃える、挨拶はきちんとするなど、一つひとつ丁寧にされてはいかがでしょう。それだけでも、ずいぶん状況は良くなるはずですよ」

川口：「介護の現場は、そもそも人手が足りないの。ゆっくりやっていたら埒《らち》があかない。そんなの常識でしょ！　しかも彼女たちの仕事がいいかげんな分、私がカバーしなきゃいけないんだから！」

油井：「彼女たちの仕事は、彼女たちに任せておけばいいんじゃないですか？」

川口：「そんなのダメよ、できる人がやらなきゃ、現場は回らないんだから！　ちょっと考えたらわかることでしょ!!」

と、ああ言えばこう言う状態……。

「わかってほしい」「わからせてやりたい」を手放す

そこで、私がしたアドバイスは、

「常識の範囲を変えましょう」でした。

「『自分の常識は他人の非常識』という言葉がありますよね。川口さんにとって常識であっても、Aさんにとっては非常識なことだってある。逆も同じで、Aさんにとっては常識でも、川口さんにとって非常識なこともあります」

「常識の範囲も人によってまったく違います。1から5が常識の人もいれば、1から10が常識の人もいる。5から8が常識の人もいるかもしれない」

「『Aさんは Aさんの常識、私は私の常識で生きてるから、違っていてもしょうがない』と割り切る気持ちが大切です」

と伝えました。そして、

「Aさんがグループをつくっているのなら、川口さんもグループをつくればいいんですよ。1人でも2人でもいい。川口さんがグループをつくって楽しくやっていれば、そのうちあきらめます。なぜなら、いじめっ子はいじめている相手が楽しくしていると、バカらしくなってやめちゃうからです」

と、楽しみを見つけることを強くすすめました。

川口さんは「そんなもんかしら」と、首をかしげながら帰っていきました。

それからしばらくしてのこと。久しぶりに川口さんに会うと、

「油井さんのアドバイスの通り、気の合う仲間2人といるようにしたら、毎日がとても楽しくって。それで、少し前から、なんとなくAさんと話すようになったんです。そしたら、意外と楽しくおしゃべりできてしまって、あの頃のことがウソみたい。それと、『人は人、私は私』と割り切るようにしたら、モヤモヤすることも減ってきたんですよ」

と笑顔で話してくれました。

人は誰でも心の底で「自分は正しい。間違っていない」と強く思っています。

そしてトラブルが起こると、

「相手にわからせてやりたい」

と強く思い、心の距離を縮めようと「急接近」します。しかし、それが原因で摩擦が起き、ますます話がややこしくなる。ここで大切なことは、

自分の常識を相手に当てはめようとしないこと。

「懲《こ》らしめてやろう」「わからせてやろう」という気持ちを手放して、無意味に相手に勝とうとするのをやめるのです。

そんな勝負に勝ったところで、得るものは何もないどころか、川口さんのように困り果てるだけ。

「人は人。自分は自分」という適度な距離感が人間関係を円滑にし、運勢を好転させていくのです。

11
怒りで人を支配しようとする人

怒っている人には「短く返す」が効果的

「なんでこんなことになってるんだ、今すぐ説明しろ！」
「なぜ、こちらの言った通りにやらないんだ！」
「こんなのおかしいでしょ！　なんとかしてよ！」

職場でも、家庭でも、所属しているコミュニティでも、すぐに怒る人っていますよね。自分の思い通りにならないと、すぐ感情的になる人。

このタイプは、心の距離を縮めようが離そうが、まったく関係ありません。

自分の機嫌がすべてで、虫の居所が悪いとすぐ噴火！　しかも一度噴火するとなかなか鎮火《ちんか》しないから、怒りが収まるまで待つしかありません。

なので、対処法は一つ。「ワンフレーズ返し」です。

「○×が原因です」

「次から気をつけます」

「すぐに対処します」

「申し訳ありません」

「わかりました」

と、用件と対処法だけ、短く端的に伝えていく。

ワンフレーズ返しを繰り返すことで、怒りの炎が沈静化するのを待ちます。短く返されると、とっかかりがない、つまり「いちゃもん」のつけようがなくなってくるので、怒りが収まるのが早くなるのです。


特に、上司や家族など「どうしても関わらないといけない人」にこのタイプがい

怒りには「ワンフレーズ返し」

言い訳で火に油を注ぐ人
どうなってるんだ!!
実はですね、○○があああでこうで…
言い訳はいい!! どうするのか聞いているんだ!!
すぐに怒る人に言い訳は厳禁!!
ワンフレーズで怒りをかわす人
どうなってるんだ!!
申し訳ありません！すぐお詫びに行きます！
もういい！早く行ってこい!!
ハイ!!
ワンフレーズ返しで怒りのきっかけをなくしていく

る場合、怒っている時はもちろん、普段から「ワンフレーズ返し」を心がけることが大切です。

間違っても、言い訳など余計なことを言って、火に油を注ぐようなことをしてはいけません。必要最低限のやりとりですませるために、「ワンフレーズを伝えたら放っておく」を繰り返しましょう。

とにかく怒り始めたら、ワンフレーズ返しでかわす。これだけです。


そして重要なことを一つ。決して、必要以上に自分を責めないことです。こちらに原因があるケースもありますが、怒っている時点で相手に問題があります。たいていのことは、怒らずに解決できるのですから、怒りのコントロールができないというのは相手の問題です。

ここは冷静に、「沸点が低い人だなあ、少し距離をおこう」と思いましょう。

すぐ怒る人はなぜ「すぐ怒ってしまう」のか？

最近は私も「ワンフレーズ返し」を使いこなしているので、相談者を怒らせるという状況はめっきり減りました。

でも、過去には、沸点の低い相談者を手のつけられないほど怒らせてしまい、困ったことがあります。

ここで、占いを始めて間もない頃の「怒り」エピソードをご紹介しましょう。

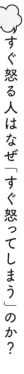

新潟からやってきた増田さん（仮名・30代女性）の相談は、「夫と離婚するかどうか悩んでいる」という話から始まりました。

ところが、話し込んでいくにつれて、「自分がこれから始めるビジネスの見通しについて聞きたい」と、いつの間にか話がすり替わっていきました。

そして「とにかくそのビジネスの成否を当てて」と言い始めたのです。そこで、

「どんなビジネスを、いつから始めようと思っているのですか」

と聞いても、その質問にはまったく答えようとしません。それどころか、「占い師なんだから『私のビジネスがうまくいくのか』『未来はどうなるか』、それだけ教えてくれればいいのよ‼」

と顔を真っ赤にして怒るのです。

みなさんはおわかりでしょうが、占いは「未来予知」ではありません。相談者の主体的な思いや行動があって、それに対して良い悪いの判断や、タイミングの良し悪し、実現の可能性などをアドバイスするものです。

その人がもっている無数の可能性の中から、一本の道を指し示すのは占いではなく、「超能力」の範疇《はんちゅう》になります。

そんな話をすると、彼女の怒りは頂点に達しました。

「こんな占い師、初めてよ‼ 当たると聞いてきたのに、時間のムダだったわ‼」

と大声でわめき散らして、帰ってしまいました。

この時、私は彼女の話を3時間以上も聞いてしまっていました。

今考えると、「ワンフレーズ返し」を使っていれば、ここまで長時間になることもなければ、彼女の怒りが頂点に達することもなかったでしょう。

ところで、このようにすぐ怒る人には、ある特徴があります。それは、**「今が楽しくない」**ということです。

いつも先のこと、未来のことを思い煩っては「こうしなきゃ」「ああしなきゃ」ばかりで、どんな時も「〜せねばならない」にとらわれているのです。

現状がどんなに恵まれていても、いつも強迫観念に追い立てられています。

「今、(老後が不安だから)お金を貯めとかなきゃ」

「今、(将来困るから)子どもを塾に通わせて、有名大学に入れなければ」

「今、(老後住む家がないと困るから)家を買わなきゃ」

「今、(将来が不安だから)投資をしなきゃ」

今、今、今、○○しなきゃ……

読んでいるだけで、楽しくなくなってきましたね。

しかも、こういう人はたいてい、

「この3年間の運勢は最高ですよ」

と言うと、

「じゃあ、3年後は悪くなるんですか⁉」

と詰め寄ってきます。

つまり、自分ではコントロールできないことを「なんとかしよう」と強く思っているんですね。

しかも、未来には不安しかないし、思い通りにいかない「気がする」から怒りが湧き上がってくる、という構図です。

ですから、「今を楽しんでいない人」には、なるべく関わらない方がいいのです。

なぜかというと、「今を生きて、楽しんで、感謝する」ができないこと自体、運が悪いことだからです。

いつまでたっても将来への不安にとらわれて、どんなにいいことが続いたとしても、満足することが永遠にないのですから。

そうだ。もう一つ大事なことを忘れていました。

すぐに怒る人は気が小さいのです。人はびっくりすると怒りの感情が飛び出してきます。だから彼らを無用に怒らせないためには、できるだけ驚かさないこと。

これも覚えておくといいですよ。

12 こうだと決めつけたら考えを変えない人

苦手な相手ほど、ほめてかわす

話のついでに、私の若かりし頃の話をしましょう。占い師になる前のサラリーマンだった頃の話です。

自分で言うのもなんですが、営業マンとしては成績優秀で、スタートこそ苦労しましたが、慣れてくるにしたがい、お客様から可愛がられるようになりました。

しかし、直属の上司の高野さん（仮名・40代男性）は、いつまでたっても私のことを「自分のいうことをきかない部下」＝「仕事ができないヤツ」と決めつけてし

郵便はがき

料金受取人払郵便

牛込局承認

8133

差出有効期間
2023年 8 月19
日まで
切手はいりません

162-8790

東京都新宿区矢来町114番地
神楽坂高橋ビル5F

株式会社ビジネス社

愛読者係 行

ご住所 〒 TEL: ( ) FAX: ( )		
フリガナ お名前	年齢	性別 男・女
ご職業	メールアドレスまたはFAX メールまたはFAXによる新刊案内をご希望の方は、ご記入下さい。	
お買い上げ日・書店名 年 月 日	市区 町村	書店

ご購読ありがとうございました。今後の出版企画の参考に
致したいと存じますので、ぜひご意見をお聞かせください。

書籍名

お買い求めの動機

1　書店で見て　　2　新聞広告（紙名　　　　　　　　　　）

3　書評・新刊紹介（掲載紙名　　　　　　　　　　）

4　知人・同僚のすすめ　　5　上司、先生のすすめ　　6　その他

本書の装幀（カバー），デザインなどに関するご感想

1　洒落ていた　　2　めだっていた　　3　タイトルがよい

4　まあまあ　　5　よくない　　6　その他(　　　　　　　　　　)

本書の定価についてご意見をお聞かせください

1　高い　　2　安い　　3　手ごろ　　4　その他(　　　　　　　　　　)

本書についてご意見をお聞かせください

どんな出版をご希望ですか（著者、テーマなど）

まい、なかなかそれをはがしてくれませんでした。

ですから、ことあるごとに、

「油井、○○はもうやったのか」「○○ができていないじゃないか！」

という具合に注意してくるのです。

そのたびに、私は大きな声で、

「はい！　わかりました」「はい！　すぐに対処します」

と返すのですが、高野さんは、

「油井！　返事でごまかすな！」

と追い打ちをかけてきます。

とはいっても、私は高野さんのことが嫌いではありませんでした。単に営業の考え方・やり方が違っただけで、営業マンとしては尊敬していたのです。

ですから、同僚と飲みに行った時は、「高野さんの営業手腕はすごいなあ」とほめていました。時には、高野さんに直接、「今日のネクタイ、素敵ですね！」と伝えていました。もっとも当人からは「お前、また俺のことバカにしているな」と返ってきたのですけどね。

とはいうものの、やっぱりうれしかったようで、そんなやりとりをしながらも、高野さんとの間に決定的な亀裂が入ることはありませんでした。

自分とやり方が違うだけのことで、わざわざ敵対する必要はないですから、高野さんのように思い込みの激しい人は「とにかくほめる」ことでかわします。

注意点は、付き合いが浅いうちに身体的特徴をほめないこと。例えば、こちらが素敵だなと思っても、本人は背が高いことを気にしているという場合もありますからね。

「返報性の法則」を使えば、マイナスの思い込みをはずせる

もう一つ、相談者のお話をしましょう。名古屋から来てくれた三好さん（仮名・

30代男性）のお話です。

三好さんは「女性とうまく話せないので、なんとかしたい」と言って、私のところにやってきました。とにかく女性と話すのが怖いというのです。

そこで、スタッフの女性に協力してもらい、「○○と言われたら××と返す」「△△の時は□□と言う」と、女性との会話の見本を見せました。

しかし数日後、三好さんに、

「女性と話せるようになりましたか？」

と聞いても、

「油井先生、いざ女性と話そうとすると言葉が出てこないんです。言われた通りに言おうとするのですが、やっぱり僕はダメなんです」

と言ってうつむいてしまいました。そこで、再び女性スタッフに協力してもらい、

「三好さんのいいところを徹底的にほめてください」

とお願いしました。女性スタッフは次々に、

「三好さんは姿勢がいい」「物腰が柔らかいですね」「青い服がお似合いですね」

とほめまくりました。

すると、どうでしょう。三好さんの方から、女性たちのいいところを見つけてほめ始めたのです。

「○○さんの笑顔に癒されます」「△△さんの持っているバッグ、可愛いですね」

「◇◇さんの服のセンスはとても素敵ですね」

思わず私は言いました。

「三好さん、女性としゃべることができていますよ」

人に何かをしてもらったら、それをお返しする「返報性の法則」というものがあります。まさに、三好さんにそれが働いた瞬間でした。

今回のことで自信をつけた三好さんは、以来女性と話すのが楽しくなって、今では「ほめの達人」として、女性に限らず多くの人と話しては、毎日を楽しく暮らし

ています。

みなさんも、ぜひ身近な人をほめることから始めてみてください。

奥さんには「今日もきれいだね」、上司には「さすがです」、部下には「いつもがんばってるね」、ママ友には「わぁ！　その服よく似合ってる」、義理のお母さんには「お母さんの料理おいしいですね」。

コツは、ニッコリ笑顔で心からほめる、それだけです。とにかく「ウソくさいと思われるんじゃないか」などと思わずに、明るい笑顔でどんどんほめましょう。

少し大げさなくらいでいいんです。人をほめていると、不思議なことに今までギクシャクしていた人間関係がものすごくスムーズになりますから。

そう、目的はほめることではありません。人間関係が円滑で楽しいものになることです。

13

上から目線の挑戦的な人

「本当に当たるんですか？」と聞かれたら、こう答える

この仕事をしていると必ずやってくるのが、

「ここの占い、本当に当たるんですか？」

という猜疑心《さいぎしん》たっぷりの上から目線な人。

「3ヶ月も待たされた上に、2時間かけて来たんだ。当ててくれなきゃ困るよ」

という人も来ますし、

「予約の取れない占い師？　どれくらいすごいのか見極めてやる！」

と意気込んだ感じでやってくる同業者もチラホラいます。

そういう人が来るたびに、私はこう言います。

「多分、当たらないと思いますよ」

なぜなら、占いは相談者との信頼関係がないとできないからです。これはなにも占い師と相談者の関係に限らないですよね。

営業とお客様だってそうだし、上司と部下だってそう。チームの仕事はもちろん、夫婦関係、親子関係……、目には見えませんが、この世は信頼関係があるからこそ成り立っていることばかりです。

なのに、お金を払えばなんでも言っていいんだっていう気持ちでは、お互いにいい仕事はできないと思っています。

さて、「当たらない」と聞くと、ほとんどの人が苦虫をかみ潰《つぶ》したような顔になります。私はそこで、もうひと言つけ加えます。

「評価はお客様が決めるものです。現に私の占いは3ヶ月先まで予約が埋まっています。それが何よりの証拠じゃないですか」

そうすると、あれこれ言うのがピタリと止まります。

大事なのは、相手の承認欲求を満たすこと

このように、マウントをしてくる人、上から目線でやってくる人は、たくさんいます。こういう人を面倒だと感じる人も多いでしょう。

では、こういう人には、いったいどう接したらいいのでしょう。

まず、手っ取り早くマウントを終わらせたかったら、実績で黙らせるのが一番です。しかし、実績がない場合、あるいはそもそも実績が関係ない場合は、

「認める」という行為が有効です。

例えば、

「うちの子、この間の模試でトップだったの。オタクの子はどうだった？」

ときたら、あえて自分の子どものことにはふれず、

「すごいじゃない！　さすが○○さんの子どもだわ。将来が楽しみね～」

と手放しでほめる。とにかく相手の自慢ポイントを、「すごい！」「さすが！」「素晴らしい！」「素敵！」と大げさなくらいに認めてあげるのです。

そうすると先方は、

「この人、私に敵意がないのね」「この人にマウントをとっても仕方がないな」

という気持ちになり、マウントの標的からはずされます。

あとは、いつまで付き合っていてもキリがないので、短めに切り上げること。

まともに聞かなくていいし、内容も覚えていなくてかまいませんよ。用事がある
とかなんとか言って、さっさと立ち去りましょう。

マウントの正体とは？

ところが、

「どうしてもアイツの上から目線発言が許せない！」

「あんな自慢屋をほめるくらいなら死んだ方がマシ！」

と思うこともあるかもしれません。そんな時は、

「この人、こんなに上から目線でくるなんて、よっぽど幸せじゃないんだなあ」

「実はこの人、マウントをしないといられないほど大変なのかも」

と思うことです。実際、そうなのですから。

マウントをとる人は幸せじゃないし、自慢屋さんは大変なことが多いのです。

なぜなら、本当に幸せな人は、上下をつけてマウントをとろうとしません。

真に実力のある人は「俺、すごいだろ」なんて言いませんよね。自分で言わなくても、周りが言ってくれるからです。

何より、自分で自分のことを認めていますから、わざわざ人に承認してもらう必要がないのです。

今、幸せじゃない人、認めてもらえない人が、マウントをとれる相手を必死で見つけて優劣をつけて、なんとか幸せを感じようとする。

誰もほめてくれないから、必死で自慢する。それがマウントの正体です。

マウントをとる人は、「とにかく誰かに認めてもらいたい」という子どものような欲求をもっているだけなのです。


つまり、ただの「承認欲求のかたまり」です。


そう考えたら可愛いものです。マウントをとりたい人にはとらせておけばいい。自慢したい人にはさせておけばいい。対抗して、同じ土俵に上がらなくてもいいのです。

そして、心の底から思っていなくてもかまわないので、

「あなたすごいわね」「あなたのお子さんすごいわね」「あなたの経歴すごいわね」とニッコリ笑ってやり過ごすことです。

あなたが本当にそう思っているかどうかは、向こうにはわからないことですし、相手が喜べばそれでOKです。ポイントは、ひと通り言ったら時間をかけずにさっさと立ち去ること。かける時間は、1分でも1時間でも変わりません。認めてあげ

さえすれば、満足するからです。

そして、「マウントされたら、運気を上げるチャンス」だというのを知っていましたか？

なぜかというと、相手をほめることで自分の器を大きくできるからです。

マウントや自慢話がきたら、ほめるくらいの器の大きさが、あなたの運気を爆上げしていきます。ぜひそのチャンスを逃さないでくださいね。

マウントされたら運気を上げるチャンス

マウントでイライラする人　マウントをほめてかわす人

14

美人なのに結婚できない人

お付き合いする相手にも「優先順位」をつける

先ほど、自慢話をする人の話をしましたが、少し角度を変えて「自分を必要以上に良く見せようとする人」について紹介しましょう。

ある日のこと、とても華やかで美しい女性が相談にやってきました。

その女性、峰さん（仮名）は、まるで貴婦人のようないで立ち。真っ赤なブラウスに明るめのスカート、頭には女優さんのような帽子をかぶっています。歳を尋ねると50代だというのですが、とてもそんな年齢には見えません。

私もつい「お美しいですね」と言ってしまったくらい美しい女性でした。

そんな彼女ですから、出てくる話も、

「仕事ができて、年収も高くて、かっこいい男性としか付き合わないの」

「私には、一流の男性やすごい男性しか寄ってこないの」

という自慢話ばかり。

そこからも、自分がいかに男性からチヤホヤされるのかという自慢話が延々と続きそうだったので、こう言いました。

「ところで、今日はどういったご相談でしょう」

すると、突然声のトーンが変わり、思いもよらない言葉が飛び出したのです。

「私、結婚できないの……」

「？？？」

「だから……、結婚したい男性が見つからないの」

「えっ、先ほどからすごい男性、素敵な男性しか寄ってこないとおっしゃっていましたが……」

「すごい男性はたくさん来るけど、自分の求めているような人がいないの！」

私は一瞬、狐《きつね》につままれたような気分になりました。

会うなり「自分はお付き合いする相手に困らない」という話をしておきながら、いざ相談内容となると、「結婚相手が見つからない」というのはおかしいからです。

ただ、しばらく話すうちに少しずつ状況がわかってきました。

どうやら峰さんは、たくさんの「すごい男」と付き合うことで、「すごい自分」を周りに認めさせようとしているらしいのです。

そんな彼女に、私はこう言いました。

「峰さんの中で『素敵だな』と思う男性に順番をつけてください」

しかし彼女は、

「順番なんてつけられないわ。それって男性に対して失礼じゃない」

と言うので、

「峰さん、大して気もない男性に、気のあるそぶりを見せている方がよほど失礼ですよ。複数の男性と結婚するわけにはいかないのですから、順番をつけて、最も優先順位の高い人と真剣に交際しましょう。そして、それ以外の男性とのお付き合いをやめてください」

しばらく抵抗していましたが、結局「わかったわ、やってみます」と言って帰っていきました。

大事なものをハッキリさせると、人生は変わる

それからしばらくしてのことです。

「油井先生、一人の人と真剣にお付き合いすることになりました！」

と連絡があったのです。さらに3ヶ月後、

「結婚しました！」

と報告がきた時には、さすがに驚きました。結婚できると思ってはいましたが、

まさかこんな超スピードで結婚までいくとは。

そして、旦那さんと結婚の挨拶に来てくれた彼女から、次のような話を聞いて、さらに驚きました。

「私、50歳になっても結婚できない自分を認められませんでした。こんなにきれいで素敵な私が結婚できないなんてありえない。ここまでがんばって、普通の結婚をするなんてありえない。ここまできて結婚するなら、見た目が良くて仕事もできる高収入な男性じゃないと絶対にありえない、そう思っていました。今から考えると虚勢を張っていたんだと思います。結局、結婚した相手は、虚勢を張っていた頃の自分には、思いもつかないような人でした。でも私、今すごく幸せなんです」

という彼女の言葉を聞いて、心底うれしかったのを覚えています。

峰さんのように、必要以上に自分を良く見せようとする人には特徴があります。

それは、優先順位がつけられないこと。

人生は「優先順位」で決まる!!

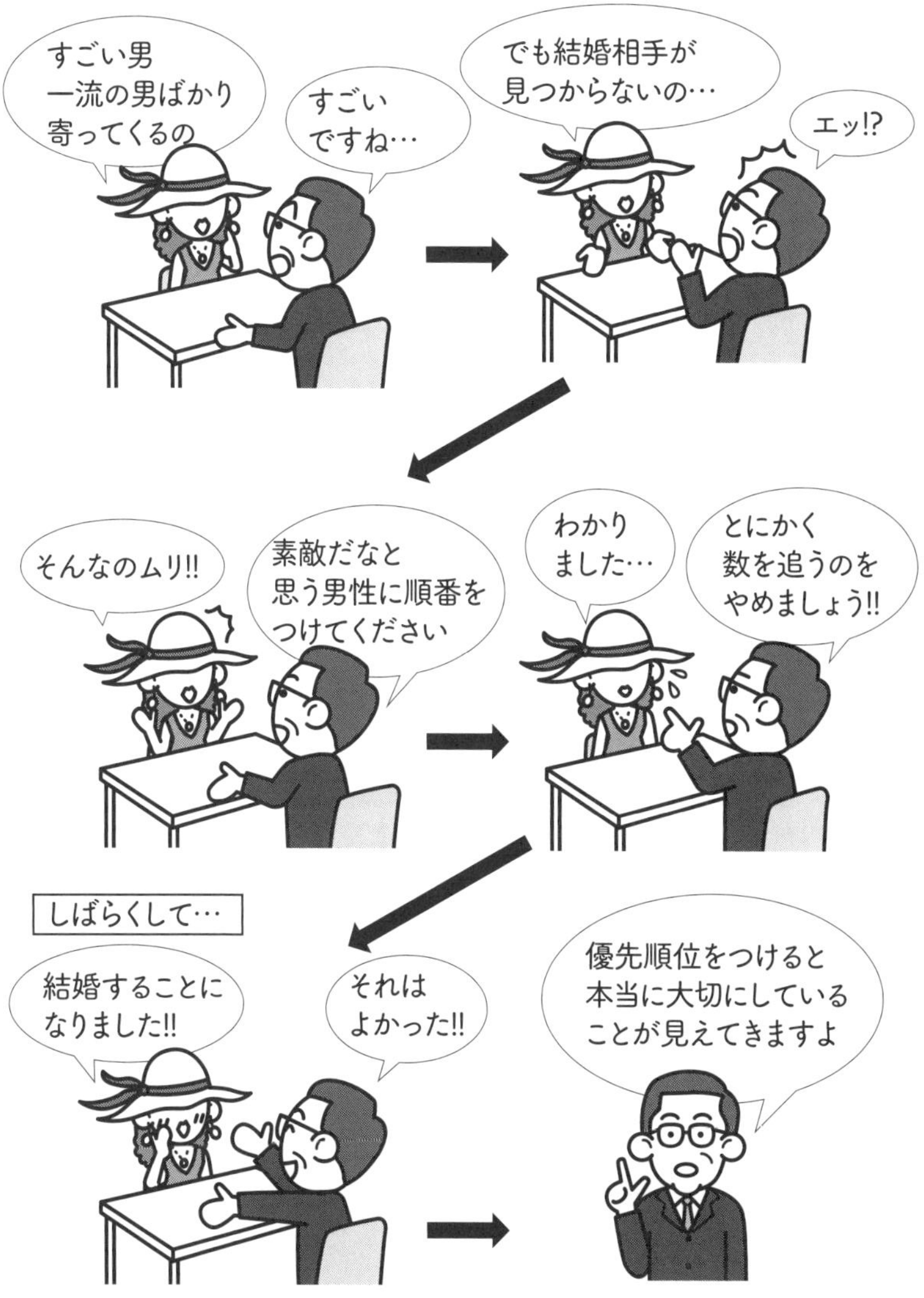

SNSでも見かけますよね。「こんなすごい人のパーティに呼ばれた」「こんな素敵なホテルで食事をした」「こんなすごい会社と一緒に仕事をした」という投稿をたくさんアップする人。

それはそれですごいことなのです。でも、自分を大きく見せようとするあまり、数を追うことが目的となり、大切なことを見失ってしまいます。

峰さんの場合もその傾向があったので、

「数を追うのをやめて優先順位をつけましょう」

とアドバイスしました。

しかし、「優先順位をつけましょう」と言うと、多くの人が「そんなの失礼よ」とか「相手にそのことがわかったらどうするの」と心配します。

なにも「優先順位を公開しなさい」というわけでも、「あなたは2番目だから、また今度ね」と面と向かって言いなさいというわけでもありません。

自分の中で優先順位をつけると、幸せを感じることができるようになりますよ、ということです。

なぜなら、自分が本当に大切にしているものが、はっきりと見えてくるからです。

大事なことなのでもう一度言いますね。自分にとって本当に大切な人は誰か。その人と、どんな付き合いをしたいのか。

そこを考えながらお付き合いする人を見定めると、絶対に運は向いてきます。

すべてはあなた次第ですよ。

15 すぐスネちゃう人

「すぐスネる人」は感謝できなくなっている人

周りから見て「本当に幸せそう」「悩みなんて一つもなさそう」と思われがちな人っていますよね。家族円満で仕事もうまくいっていて……。

でも、どんな人にもその人なりの悩みがあります。今回はそのお話をしましょう。

磯野さん（仮名・30代女性）は、幸せの見本のような生活を送っていました。

自分の両親と、旦那さん、お子さん2人の6人家族。磯野さんの実家に旦那さんが婿《むこ》入りしての二世帯同居で、旦那さんとご両親との仲も円満です。

旦那さんは地元の市役所に勤務しており、磯野さんのお父さんは小学校の校長まで勤め上げた地元の名士。退職後は、悠々自適な老後を送っています。

この通り、磯野さんご一家の生活は安定しており、お子さんは成績優秀で、未来も明るい。にもかかわらず、ご本人は真剣に悩んでいました。その悩みというのが、

「家族から感謝されない」

「『ありがとう』の一つも出てこない」

「家族が私のことをちっとも認めてくれない」

もう全身から不満があふれ出て、私のところに来た時は、完全にスネてしまっていました。あんまりスネているものですから、

「ご家族のみなさんだって、本当は磯野さんに心の中で感謝していますよ」

と言っても、

「家族全員、私にやってもらうのが当たり前になっているんです。どうせ、私のこ

となんて、家政婦くらいにしか思っていないんですよ！」

と、さらにスネるばかり。そこで、

「そんなに『ありがとう』を言ってもらいたいなら、まず磯野さんの方から感謝の言葉を言ったらどうですか？」

と伝えても、

「どうしてですか？　家族の方から私に「ありがとう」と言うのが当たり前だと思うんです！　だって私ばっかりやってあげているんですから!!」

と感情が高ぶってきて、まったく聞く耳をもちません。そこで、

「磯野さんは、周りの人から『うらやましい』と言われたことはありませんか？」

と聞いたのです。すると、

「よく言われます……。『家族仲もいいし、子どもさんも優秀でホントいいわね。うらやましい』って」

と返ってきました。そこで、

「それですよ、それ。家族の間でトラブルもない。ご両親と旦那さんの仲は良く、磯野さんと旦那さんも夫婦喧嘩をするわけじゃない。金銭的に困ってもいなければ、お子さんは成績優秀で将来が楽しみ。まさに幸せそのものじゃないですか」

と伝えました。すると、

「そう言われれば、そうなんですけど……」

と少し困り顔。

「磯野さん、もし家族に『ありがとう』を言ってほしければ、まず自分から言ってみましょうよ」

すると、彼女はこう言ったのです。

「そんなの家族だから、わざわざ言わなくてもわかるじゃないですか」

……！

「まさに、それです。家族のみなさんも、磯野さんに心の中では感謝をしていても『わざわざ言わなくてもわかるでしょ』と思っているんです。でも、どんなに心の中で『ありがとう』と思っていても、思っているだけでは相手に伝わらない。言葉にして初めて相手に伝わるんです。だから、まず磯野さんの方から『いつもありがとう』と、口に出して感謝を伝えてください」

それでも磯野さんが不満な顔をしているので、

「磯野さん、もしご主人とご両親の仲が悪かったらどうしますか？　お子さんが不登校だったらどうですか？　ご両親の介護が必要だったら、ここに相談に来る時間もないのではないですか？　ご主人だって外で働いて、ご両親とうまくやっていく努力をしておられるでしょうし、お子さんだって勉強をがんばっている。ご両親も健康で自分のことは自分でおできになる。その上、毎月安定したお給料があって生活にも困らないのは、ご家族あってのことではないでしょうか」

そう伝えると、

「確かにそうです……。わかりました。私から『ありがとう』と言ってみます」

と言って帰っていきました。

スネてしまう人というのは、簡単に言うと「感謝できなくなっている人」です。今「あるもの」を見ずに、「ないもの」に焦点を当てているため、不満ばかりが出てくる状態です。

そういう時は、相手の立場や状況を思いやって、「ないもの」から「あるもの」へ視点を変えると「周囲への感謝」に気づくことがあります。

心がこもってなくてもいい。「ありがとう」をどんどん言おう

実は、こういう「言わなくてもわかるでしょう」現象は、家族間だけでなく職場、学校、地域などあらゆるところで起こっています。

「わざわざ言わなくてもわかるよね」

「いつかは『ありがとう』と言おうと思っている」……。

でもね、人は「言葉を求める生き物」です。言葉にしてもらって初めて伝わることってたくさんあるのです。

特に、感謝は言葉にしないと伝わりません。

たったひと言、「いつもありがとう。感謝しているよ」「あなたのおかげで助かっているよ」と言われるだけで、この上なく報われた気分になる。これが人間です。

ですから、「今さら言わなくてもわかっているでしょ」と思ってしまいがちな身近な人にこそ、「ありがとう」「感謝しています」「がんばっているね」と言ってほしいのです。

「ウソくさい」と言われても、ほめるのをやめてはいけない

中には、「思っていないことは口に出せない」という人がいます。

思ってもいないのに「ありがとう」を言ったり、ほめたりするのは、ご機嫌とりをしているみたいで嫌だということです。磯野さんみたいに、向こうが先に言うべきだと言い張る人も大勢います。

でも「**機嫌なんてどんどんとれ**」と言いたい。

「ありがとう」と言われて怒る人はいません。「すごいわね」と言われて嫌な気がする人もいません。つまり、感謝されたりほめられたりして、気分が悪くなる人なんていないのです。

もしも、感謝を伝えた時に、相手も照れてしまって「急にどうしたの。ウソくさいな」なんて言われると、気分が萎《な》えてやめたくなったりするでしょう。

しかし、ここで大切なのは、たとえ冷や水をかけられても感謝を伝えるのをやめないこと。

ここでやめてしまったら、本当に「ご機嫌とり」になってしまうからです。

そんな時は、「タイミング悪かった？　前から思っていたことだからさ」と返して、「ありがとう」と「ほめる」を繰り返しましょう。

そのうちに、それが日常になって、自然と相手からも「ありがとう」という言葉が出てくるようになります。

そうそう、相談者の磯野さんですが、

「最近、家族から『ありがとう』を言われることが多くなったんです。息子も希望校に合格したんですよ。ありがとうございます」

という報告をしてくれました。

感謝を言葉にする人には、運が向いてきます。

なぜかというと、既に自分が手にしていた幸運に気づいて、「今あるもの」に目を向けることができるようになるからです。そうすると、不毛な「ないものねだり」がなくなって、マイナス思考が減り、運勢が上向いていきます。

最初は心がこもっていなくてもかまいません。「ありがとう」は、自分の運と運勢を上げる最強のパワーワードです。ぜひ今日から、言葉にしていきましょう。

ただし、不機嫌な人の機嫌はとらなくてもいいですよ。

これは次でお話ししていきます。

16 いうことをきかないと不機嫌になる人

孫の子育てに口出しをしてくる実母

「母が『地元の幼稚園に入れなさい』とうるさいんです」

そう言ってうんざりした顔を見せる彼女を前に、どうアドバイスをしたものかと考えを巡らせていました。

3年前の春のことです。

その女性、中村さん（仮名）は、35歳で待望のお子さんを授かり、来年幼稚園に入園する息子さんを「インターナショナルスクールに入れよう」と夫婦で相談して決めたそうです。

ところが、その話を聞いた実家のお母さんから、猛反対を受けたというのです。

「そんな遠くのインターナショナルスクールに行かせるなんてダメよ。近くの幼稚園に入れなさい。小さいうちは母親と一緒にいる時間が大事なんだから」

中村さんご夫婦としては、これからの国際化時代を見据《みす》え、小さいうちから英語に慣れ親しんでおいた方がいいと思い、多少遠くてもインターナショナルスクールに入れたいと考えていました。そこで、子どもとのスキンシップを第一に考える母親と、真っ向から意見が対立してしまったというわけです。

「母にとって大事で可愛い孫なのはわかります。でも、親は私たちです。そこは母にわかってもらいたい……」

と少し言いよどんで、

「私が小さい頃からそうなんです。進路は○○高校がいい。高校卒業後の進路は、短大ではなくて4年制の大学にしなさい、といった感じで、いちいち私のやることを事細かく指示してくるんです。その通りに私がやらないと機嫌が悪くなる。しかも、いつまでもそのことをネチネチ言ってくるんです。ほら、私の言った通りやらないからそうなったでしょうって……。私自身のことだったら、まだ許せます。でも、私たちの子どものことは夫婦で決めていきたいんです」

「不機嫌な人」の機嫌をとるのをやめる

中村さんのお母さんに限らず、自分の思い通りにならないと機嫌が悪くなる人っていますよね。

自分の指示通りやらないと怒り出す上司、夕ご飯が遅いと不機嫌になる旦那さん……。中村さんのお母さんもどうやらそのタイプのようです。

確かに「子どもが小学校に上がる前くらいまでは、子育てに集中しなさい」というお母さんの言い分もわかります。しかし、子どもの責任を負うのは、親である中村さんご夫婦。また、中村さんが早く職場復帰したいという気持ちもよくわかります。そこで、

「中村さん、お母さんに、どんな感じで返事をしていますか？」

と聞いてみました。すると、

「母が言うこともわかるので、私たちはインターナショナルスクールに入れたいんだけど……、とやんわり言ってお茶を濁《にご》しています」

と返ってきたので、こう助言しました。

「今度お母さんが『近くの幼稚園に入れなさい』と言ってきたら『はあ？　なんでこの人にこんなこと言われないといけないの』くらいの顔をして、中村さんの意志をはっきり伝えてください。あえて毅然《きぜん》とした表情やしぐさを見せることで、お母さんに『これ以上は越権行為だ』というのをわかってもらうためです」

あいまいな態度は逆効果

人をコントロールしようとする人は、いい人の「罪悪感に付け込む」のがとにかくうまい。

不機嫌コントローラーには、毅然とした態度で

「あんなに言うのだから、考え直さないこちらが悪いのかな」

「私のためを思って言ってくれているのに、申し訳ない」

と「罪悪感を刺激する」ことで、相手を自分の意のままに動かそうとします。

そして、いうことをきかないと「どうなっても知らないわよ」と脅《おど》し、少しでもたじろごうものなら、「ほら、私の言う通りにしないから!」とたたみかけてくるのです。そうすると、ほとんどの人が二度と逆らう気がなくなります。

ですから、こういう人とは基本的には距離をおくのが一番。できるだけ関わらない。たとえそれが母親であってもです。

ただ実際に、それが身内やパートナーである場合、あるいは職場の上司、先輩、後輩、などの近しい人であると、距離をおくのが難しいのも事実。

だからこそ、勇気がいることですが本音をはっきり伝えることが重要なのです。

中村さんのケースも、勇気を出して、

「これ以上幼稚園のことに口出しするなら、今後一切お母さんと付き合っていくことはできません」

と、意見をはっきり伝えたら、何も言わなくなったそうです。

人をコントロールしようとする人には、絶対にあいまいな態度はとらないこと。「嫌なものはイヤ」「できないことはできない」と、こちらの意志を「はっきり伝える」と、相手はそれ以上言うのをやめます。

中には、不機嫌な人に毅然とした態度をとると、余計に怒らせるのではないかと心配になる人もいるでしょう。その時は、心の中の罪悪感を打ち消して、

「それはあなたの問題で、私の問題ではない」

と強く自分に言い聞かせること。その思いは、やがて必ず相手に届きます。それでもやめない相手なら、むしろ思いっきり心の距離をおいていいのです。

間違っても、自分が悪いのだと思い込んではいけませんよ。

17 不倫から抜け出せない人

不倫がすぐにバレる人、長続きする人

占いで意外に多いのが、不倫の相談です。

「すみません……」

「こんなこと言うと怒られると思うけど……」

で始まるのは、まず間違いなく不倫の相談です。

先日も鷲見さん（仮名・30代既婚女性）が、

「今付き合っている男性と長く関係を続けるには、どうしたらいいでしょうか」

と相談にやってきました。

不倫がバレるパターンは決まっています。それは、コミュニケーションがいつもと違ってしまうこと。例えば、日頃は口数が多いのに、極端に口数が減ってしまうとバレます。逆も然《しか》りで、日頃は口数の少ない人が、いつもよりしゃべるようになるとバレます。

これは、それまでとっていた配偶者との心の距離感が、つかめなくなってしまうために起こる現象です。当然、それまでとは違ったコミュニケーションになってしまうため、相手が怪しんでバレてしまうのです。

ですから、不倫を長く続けるためのコツは、配偶者との関係を割り切って考えることです。具体的には、「夫（妻）は、ありがたい存在」と心に刻み込むのです。

生計をともにしている人、好きで一緒にいる人、という今までの感覚をいったん抜いて「ありがたい存在」として考えると、妙なコミュニケーションをとらなくなります。

彼女にもそのように伝えたところ、「わかりました」と帰っていきました。

その「とりあえず」が運気を下げる

鷲見さんのように、まったくバレていない状態で私のところに相談に来る人もいれば、中には「バレかけているのをごまかしたい」という人もやってきます。

日下部《くさかべ》さん（仮名・40代女性）は、

「不倫を夫に怪しまれているので、なんとかごまかしたい」

と相談にやってきました。

「今度、夫を連れてくるので、油井先生から『不倫していない』と言ってほしい」

と言うのです。

「油井先生から言ってもらえれば、きっと夫も納得するから」

と。こうしたことは、不倫の案件だけではありません。

「両親に言ってほしい」「恋人に言ってほしい」「親に言ってほしい」「子どもに言ってほしい」という依頼は実によくあります。

このように、自分の代わりに、第三者や権威ある人に何かを言わせようとする人には、ある共通点があります。

それは心のどこかで「どうせ、そんなこと言ってくれるわけがない」「言ってくれるとしたら、むしろおかしいでしょ」と薄々思っているということです。

だから、本人はわかっていて「とりあえず言ってみている」のです。

もちろんビジネスの場やスポーツなどで「とりあえず言ってみる、やってみる」ということはあるでしょう。

ですが、自分の身を守るために「とりあえず言ってみよう。うまくいったらラッキー」という考え方は運気をものすごく下げます。

なぜなら、明らかに相手が戸惑うのをわかってやっている行為だからです。

運気の上がる人というのは、こんなことを言ったら、相手が戸惑うだろうな、困るだろうなということを察知し、言わない選択ができる人です。

運気を上げるウソ、下げるウソ

先ほど、不倫を長続きさせるコツをお伝えしましたが、この際ですからハッキリ言いますね。

不倫は100％バレます。

どんなに隠しても、どんなに取り繕《つくろ》っても、いつかは必ずバレます。

なぜなら、先ほどお話ししたように、不倫をしている人には、声のトーンがいつもと違うなどの、本人も気づかない変化が必ず現れるからです。

声がいつもより高い・低い、服装が変わった、話し方がいつもより速い・遅い、返事がぞんざい・丁寧過ぎる、などの変化があります。

では、バレたらどうなるのか？

これも意外に思うかもしれませんが、ほとんどの人がもとの鞘《さや》に収まります。私の経験上、不倫相手と一緒になる人は2～3％しかいません。

私は、不倫を肯定も否定もしません。

不倫したい人には不倫したい人の事情があり、不倫される方にはされる方で問題があるケースもあります。なので、第三者に良い悪いは言えません。

唯一言えるのは、ネガティブなウソは、運気を下げるということです。

ウソには、ポジティブなウソとネガティブなウソがあります。

例えば「最近私、老けたかしら？」と聞く女性に「そんなことないよ」と言うのは、相手を喜ばせるウソであり、運気を下げるものではありません。

一方、ネガティブなウソ、例えばその気もないのに「妻と別れてそのうち必ず君と一緒になるから」というウソはその場しのぎのウソであり、いずれ相手を傷つけるものです。どこかでつじつまが合わなくなるため、必ず破綻《はたん》します。

結果がどうというより、相手のことを思ってのウソか、自分のことを考えてつく保身のウソなのか。同じウソでも大きな違いがあるのです。どうせつくなら相手を喜ばせるウソ、幸せを広げるウソをつきましょう。

「素敵です」「可愛い」「かっこいい」「さすがです」「若いですね」「すごい」「楽しい」「頼りになる」……。多少言い過ぎかもと思っても、思い切って口に出していきましょう。

なぜなら、相手を喜ばすウソ、相手を気遣うウソは運気を上げるからです。「嘘から出たまこと」という言葉があるように、ポジティブなウソは、相手を元気にする力と現実化する力があります。

ぜひポジティブなウソで運勢を切り開いていきましょう。

18 「不幸でいたい」と願う人

不幸な人の特徴

占い師として多くの人を鑑定してきた中で、気がついたことがあります。

それは、「不幸の中にいたい人」がいることです。

「不幸の中にいたい人!?　そんな人がいるの?」

「『幸せになりたい』と考えるのが普通じゃないの?」

そう思いますよね。

でも、相談者の話を聞いていると、「不幸の中にいる方が都合のいい人」がいるのです。もっと詳しく言うと、不幸でいる以外の手段を知らないし、そこから抜け出ようという考えすら思いつかない人がいる、ということです。

不幸でいたい人たちには、ある特徴があります。5つの特徴を紹介しましょう。

①笑わない（笑えない）
②話の途中で泣き出す
③言い訳や愚痴が多く、何事にも否定的
④ボソボソ話す
⑤どうでもいい質問をしてくる

人生は「思った通り」になっている

笑わない人は、斜に構えてしまっているタイプが多く、全方位に疑いの目を向けてきます。なんと、驚いたことに自分のことも疑っています。

「こんな私が幸せになるわけがない」と強く強く思い込んでいるんですね。

「笑う門には福来《きた》る」とはよくいったもので、笑顔のない人には不幸な出来事ばかりが起きてしまいます。そうすると、ますます全方位に疑いの目を向けて、不幸なことが起きるたびに「ほら、やっぱり！　私の思った通り不幸なことが起こった」と言っては嘆くのです。

自分の「思い通り」にはならなくても、「思った通り」になっている典型です。

もし周囲に、「ほら、やっぱり！」が口癖になっている人がいたら、要注意。

こうした人は、自分はそうなると思っていたから、自分の予想通りだ、私は正しかったと安心したいのです。それが不幸なことであっても、まったくかまわない。

自分の「思った通り」であることが最重要なのです。

もちろん、本人はそこまで深く考えていないし、気づいてもいない。自然体で不幸体質ですから、不幸癖の自覚もゼロです。

もし、自分の口癖が「ほら、やっぱり！」の人は、とにかく鏡の前で笑顔の練習です。お金もかかりませんし、寝ながらでも朝の身支度《みじたく》をしながらでもできます。

それでも「ほら、やっぱり！」が出そうになったら、スーッと深呼吸して、

「そっか～、そうなんだね～」

と軽く流して、その出来事にあまり気持ちを入れないようにするといいですよ。

「ほら、やっぱり！」が出てくる人は、いつも不安でおびえている。だから笑顔もなくなるし「ほら、私の思った通りになったじゃないの」と、小さな自己満足に浸るのです。そんなことをしても不安な状況は変わらないのに……。

対処法は、簡単。その逆をやるだけです。笑顔の練習と、「ほら、やっぱり！」をやめる。それだけで、運勢はずいぶんと良くなりますよ。

悲劇のヒロインの誘惑

みなさんの友人で、**話の途中で泣き出してしまう人**っていませんか？　いわゆる、泣くことで悲劇のヒロインゾーンに入ってしまうタイプ。

こういう人は、泣くことで多少なりとも周りの人が、自分に関心を向けてくれる

ことを期待しています。

涙を見ると、「どうしたんだろう?」「なんとかしてあげたい」と思うのが人情ですよね。正直、面倒くさいなあと思っても、「知らんふりをするのは人として冷たいのではないか」という「罪悪感」も掻き立てられます。

たとえそれが、自分と無関係な涙であってもです。

しかも、自分と話している時に泣かれるなんてことになろうものなら、一挙に罪悪感の嵐が襲ってくること間違いなし。そう、この罪悪感こそが曲者《くせもの》なんです。

罪悪感を抱くと、正常な判断ができなくなり、情に流されたり感情的になったりします。そうすると、事態が余計にややこしくなります。

物事がうまくいかなくなる大きな原因の一つが、罪悪感なのです。

一方、泣いている本人はというと……、ヒロインさながらかわいそうな状況に浸るのが大好き。まるで、悲劇を演じている俳優のようです。

この場合は、放っておくに限ります。くれぐれも罪悪感の嵐に巻き込まれないようにすることが肝要です。

もし、自分が「このタイプかも」と思い当たる人は、前出の「不幸な人の特徴」の逆をやってみましょう。そうです、まずは笑顔の練習です。

泣くことで引いた関心は虚構《きょこう》です。実体がない上に、相手の罪悪感が絡《から》んでいるため、いい関係をもたらしません。流すのなら、うれし涙や、感動の涙にしましょう。

全否定の人とは物理的な距離をとるべし

何事にも否定的な人は、

「あなたには無理」

「私なんかにできるわけがない」

「だって、○○さんのせいで、時間が足りないんだもん」

と、他責や言い訳が大得意です。

愚痴や悪口も駆使《くし》して、あらゆるものを否定します。しかも、自分に対しても否定的なので、聞いているこっちがつらくなるほどです。

でも、こちらにはなんの関係もないことです。

「またやってるんだ～、お疲れ様っ」

と横目で流してしまいましょう。

もし、母親がこのタイプだったとしたら、かなりつらいとは思いますが、勇気を出して物理的にも心理的にも距離をおきましょう。どんなことがあっても、一緒になって自分を否定しないように気をつけてください。


そうはいっても、どうしても自分を否定してしまう、人のせいにしたくなるという人がいたら、この方法を試してみてください。

自己否定感やマイナス感情が頭に浮かんだら、

「それって、本当?」

と自分の頭に何度も問いかけてみるのです。

ほとんどの場合、

「だってお母さんがそう言ってたから」「○○さんが嫌な顔をした気がするから」という少数の偏《かたよ》った意見や、気のせいだと思われることを根拠にしています。

または、「みんながそう言ったから」という不確定要素が出てきます。

「みんな」とは具体的に誰と誰で何人いるのでしょう。

そして、それは「自己否定するに足る根拠」になりうるものでしょうか。

私に言えるのは、自己否定している時間を、笑顔の練習に使った方が、確実に運気が上がるということです。

深海のアンコウのごとく待ち伏せる「かまってちゃん」

ぼそぼそと話す人は、覇気も自信もなく、目を合わせて会話することも難しい。

自分には関わらないでほしい、どこかそんな空気感もまとっています。

こういう人をなんとかしてあげたい、と思う人も中にはいるでしょう。

しかしこのタイプの人、実は「かまってちゃん」です。こんな自分をかまってくれる人をひたすら待っているのです。

自分は動かず、相手がこちらに合わせてくれるのをただただ待っている。

一歩間違えると、時間泥棒にもなるタイプなので、接する時は時間を取られる覚悟が必要です。

もし、自分がこのタイプで「ぼそぼそ話す自分をなんとかしたい」と思っているなら、人と目を合わせて会話することから始めていきましょう。

いきなり目は難しい、というなら鼻。鼻も難しいというなら顎《あご》あたりからでもいいのです。時々目を合わせて、静かに目線を鼻や顎に落とすというのを繰り返してみましょう。それができたら、思い切り自分をほめてあげてください。

「よくやった。えらい！」って。

そして、もちろん笑顔の練習ですよ。

どうでもいい質問をしてくる「身勝手な人」

どうでもいい質問をする人は、あなたの話をまったく聞いていません。どこまでも自分の我を通したい、そんな意志を感じます。

「気遣いや気配りとは無縁の人生」を送っている自分勝手な人ですから、できるなら関わらないのがいいでしょう。

ただ、このタイプは仕事で出会うことが多いのです。仕事ですから、無関係でいるのは難しい。とはいっても、どうでもいい質問で、エネルギーを吸い取られるばかりか、時間や精神力も消耗してしまいますよね。

実は、こういう人への対処法はとても簡単。

「ところで○○の件なのですが」と質問を返すだけです。

話題を変えて、自分が聞きたいことを聞く。もともとどうでもいい質問なので、話題を変えてもまったく問題ありません。

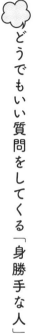

とにかく、どうでもいい質問で時間と精神力を吸い取られないようにしましょう。

幸せでいることを、あきらめてはいけない

どうでしょうか。今回紹介したような人たちが周りにいませんか？

「不幸でいたい人」に共通しているのは、ただ一つ、

「素直さの欠如」です。

不幸の中にいたいと心の底から思っているわけではないし、本当は誰だって幸せになりたい。でも、どうしたらいいかわからなくなっているだけなのです。

幸せをあきらめた時に、人はどうしても素直になることができません。

そうすると、自分がどんな人生を送りたいのか、もっと言えば「どういう状態が心地良いと感じるのか」さえわからなくなってしまうのです。

一方、幸せになっていく人たちは、素直に行動し続けます。

自分が成長することに集中し、自分の信じた道を突き進みます。つらい状況から

抜け出すために、どんなことでも素直に取り組んでいきます。

不幸の中にいる人は、どうしたらそこに留まれるかを「必死」で考えています。

自分を変えないまま、周りが変わってくれればいい、そう「真剣」に願っています。

不幸は不幸を引き寄せます。不幸な人は、自分の大切な人をも不幸に引き込んでしまうことにさえ無頓着《むとんちゃく》なのです。

なぜなら、**「必死」で不幸にしがみついている**から。

では、不幸な人は結局どうしたらいいのでしょう。

それには、行動するしかありません。

まずはやっぱり笑顔の練習から。自分の笑顔がどうもしっくりこない人は、鏡の前で練習してみましょう。その一歩が、運気を押し上げて、思い通りの未来を招き寄せるのです。

さあ、あなたはこれからどんな行動をしますか？

「不幸でいたい人」5つの特徴

①笑わない（笑えない）人

②話の途中で泣き出す人

③何事にも否定的な人

④ボソボソと話す人

⑤どうでもいい質問をする人

第 5 章

金運が上がる人の話し方

19

高額当選者の意外な共通点

何度も高額当選する人ってどんな人？

みなさんは「運のいい人」というと、どんな人を思い浮かべるでしょうか？

どんどん出世する人、夢が叶う人、モテる人……。

「運のいい人」に対するイメージも、人によってそれぞれですよね。しかし、最もわかりやすいのは、宝くじの高額当選者ではないでしょうか。

例えば、年末ジャンボ宝くじの一等が当たる人の確率は2000万分の一（23本）、一等前後賞で1000万分の一、二等で500万分の一の確率だそうです。

日本国民約1億2000万人全員が宝くじを1枚ずつ買っても、一等が当たる人はわずか6人。一等前後賞でも12人、二等でさえ24人しか当たらないのです。

狭き門といわれる東大でさえ毎年3000人の合格者が出ますし、東大より難しいといわれるプロ野球選手でさえ毎年120人が選ばれるわけですから、高額当選者の倍率の高さは際立っています。

ですから、高額当選者は、まさにトップオブトップ級の「運のいい人」と言っても過言ではないでしょう。


ところで、宝くじの高額当選者は、何度も高額の宝くじに当たるということを聞いたことがありませんか。

私は仕事柄、この何度も高額の宝くじに当たるという人たちを知っています。

実は、彼らには共通点があるのです。

それは……、**性格が悪い**こと。

「ウソ〜⁉　性格が悪い人が宝くじに当たるっておかしいでしょ。たまたま油井さんの知っている人がそうなだけじゃないの？」

そう思うのも無理はありません。でも、本当なのです。宝くじは、性格が悪い人ほどよく当たる。なぜかについては、後ほど詳しく述べます。

そして、彼らにはもう一つ大事な共通点があります。

それは、「自分は宝くじが当たる人間なんだ」と強く信じていることです。それどころか「こんな自分が宝くじが当たらないのはおかしい」とさえ思っているのです。

例えば、彼らは宝くじを買う前から、「今度の当選金で車を買うんだ」とか「家を建て直すんだ」という具合に、宝くじが当たったことを前提に話をします。

そして、実際に当てる。すごいですよね。

自分のことが史上最高に好きな人たち

私の知り合いで最もすごいのは、高額の宝くじを3回も当てている池田さん（仮名・80代男性）です。5億円以上の高額当選をなしえている、ものすごい金運の持ち主。でも、やはり性格はよろしくない。

人のために何かをする、なんて考えはこれっぽっちもなくて、いつも自分の利益しか考えていない。

自分が待ち合わせの時間に遅れた時は言い訳ばかりするのに、相手が遅れるとめちゃくちゃ怒ります。自分の思い通りにいかないとすぐ不機嫌になるし、自分に甘く人には厳し過ぎるほど厳しい。いうまでもなく、親しい友達はいません。

しかも、近隣ではちょっとした有名人ですから、外に出るといつも誰かに狙《ねら》われないかと、ソワソワキョロキョロと挙動不審。

ただ、本人は「自分の性格が悪い」「自分は嫌われている」なんて、つゆほども思っていないんですね。自分のことが大好きで、いつも「俺はやっぱりすごいな」とか「俺ほどいいヤツはいないな」と自分をほめてばかりいます。

実はこの現象、もう一人の高額当選者・内藤さん（仮名・40代女性）にも同じことがいえます。

内藤さんは、100万円を何度も当てている超ラッキーウーマン。口を開けば「私だから当たるのよ」「私だからできるの」「私すごいでしょ」と言っています。「どうしてそんなに金運がいいんですか?」と聞くと、「だって私、可愛いもん」と謎の返し……。傍から見れば「イタイ人」ですが、彼女も他人にどう思われようと気にならないタイプの人です。

高額当選者がもつスゴい「勘違い力」

その他にも、高額当選者を何人か知っていますが、みなさん同じタイプの人間です。

つまり、**自分が大好きで、人からどう思われようと、まったく気にしない人たちです。**

誤解を恐れずに言えば、自分の利益しか考えず、他人に超厳しく自分に超甘い。

ケチで自慢屋、言い訳が多く、素直さに欠けるなど、物質主義的で自己中心的欲求を隠さない人たちです。

なのに、なぜ彼らのような人たちが宝くじに当たるのか？

それは彼らが**「自分主体で生きる究極体の人」**だからです。

彼らは、基本的に人の話を聞きません。するのは、自分の話ばかり。自分の運がいかにいいか、自分がいかにすごい人間か……。そういう自慢話をひとしきりしたら、人の話は聞かずにさっさと帰っていきます。

彼らはそれでいいのです。彼らは、いい意味で「勘違い」している人たちですから。たとえ宝くじがハズれても、「次は当たる」と、本気で信じているような人たちなのです。

「今回はたまたまハズれただけ、次は絶対当たる」

「自分の買う宝くじが、当たらないわけがない」

と本気で信じているのです。だから、絶対にあきらめない。

しかも、**なんの努力もしていないわけではないのです。**

例えば池田さんは、「何かを予想して当てる」という行為を日々の中で繰り返し、24時間365日「当てる」ことばかりを考えています。

例えば、私が占い師になりたての頃のこと。池田さんとタクシーに乗っていたら、

「油井君、前の車のナンバーを当てっこしよう」

と、突然言い出したのです。経験が浅いとはいえ、私も占い師ですから受けて立ちました。結果はというと……、私は思いっきりハズしたのに対し、池田さんはピタリと言い当てたのです。

「池田さん、どうやって当てたんですか？」

と聞くと、

「当たり癖をつけるんだよ」

と言っていたことが、強く印象に残っています。

どういうことかというと、宝くじを連番で10枚買えば、300円が1枚くらいは

高額当選者たちの意外な共通点

当たりますよね。でも、ほとんどの人が「300円しか当たらなかった」とガッカリします。

当選金額が、購入した金額を下回ったことや、10枚買えば1枚当たるのは当たり前だというありがたみのなさから、そう思うのは無理のないことです。

ただ、彼らは違います。彼らは少額の当たりであっても「自分が宝くじを当てたんだ」「自分はすごい！」「当てる力が強い」と全力で喜びます。自分は当たって当然の人間なんだと思い込むのです。

そして、いろんなことを予想しては当てる努力を惜しみません。この努力によって、最初は勘違いや思い込みだったものが、「当てる力」に育っていくのです。

自分本位な人ほど金運がいいわけ

高額当選者のもう一つの共通点は、「自分本位に生きていること」です。

この人たちは、社会のため、お国のため、誰かのためになんて、少しも考えていません。自分はこれが好き、これがやりたいということがはっきりしていて、やりたくないことは絶対にやらないと決めています。

だから、自分にとってどうでもいい人のどうでもいい話には、まったく聞く耳をもちません。その反対に、自分の興味があることは、どんな些細《ささい》なことも聞き漏らすまいと必死です。それはもう、あからさまです。

例えば、どの宝くじ売り場が当たるとか、どの株が上がりそうで、どのタイミングで買うのがいいかなど、儲け話や投資話については実に事細かく聞いてきます。その聞き上手っぷりといったら、なかなか真似ができるものではありません。

結局、金運のいい人というのは、自分本位で自分のことが大好きな人たちなのです。そして、目的意識がものすごくはっきりしています。

ただし、幸せなのかどうかは……、私にはわかりません。幸せのカタチは人それぞれ。幸せかどうかは、本人にしかわかりませんから。

20 「金運のいい人」より「金運の上がる人」を目指そう

高額当選者の末路

肝心なのは、必ずしも「金運がいい人」＝「幸せな人」ではないということです。

みなさんは、高額当選者の末路がどうなるのか聞いたことはありませんか。

高額な宝くじが当たった人の多くが、最終的に破産するという話です。

しかも、心理学的な裏付けまであるのです。

その一つが「パーキンソンの法則」。収入が増えると、その分支出も増えるという法則で、「お金はあればあるほど使ってしまう」というものです。

よく一発屋の芸人さんが、「急に売れて気が大きくなり、後輩におごってばかりいたら、気づいた時には仕事がなくなって、お金に困るようになった」という話をしていますが、あれです。

一発屋芸人でなくても、1億円が当たったら「あこがれの外車に乗りかえてみよう」とか「旅行は国内じゃなくてハワイに行ってみよう」くらいにはなりますよね。つまり、人は大きな臨時収入があると、気が大きくなってしまうのです。

しかも、そういった一時的な支出ならまだしも、深刻なのは「ラチェットの法則」が働いて、生活の水準を下げられなくなってしまった時です。

ラチェットの法則とは「収入が減っても、使うお金がしばらくは減らない」というもの。

例えば、車のガソリンをレギュラーからハイオクに変えた、近所のスーパーで買っていたのがデパ地下で買うようになった、外食が多くなった、発泡酒からビールに変えたなど、一度上げてしまった生活水準は、下げるのが難しくなります。

それが、ボディブローのようにきいてきて、最終的には当たった金額を食いつぶすどころか、マイナスになってしまいます。

話をもとに戻すと、私の知っている高額当選者は、何回も当たっている上に資産もあるので、破産することはありません。ただ、私から見ていると、彼らは経済的な面ではなく、精神的な面で幸せそうに思えないのです。

池田さんは、近隣で顔が知られているため、いつ誰から襲われるかわからないと、自分以外の人を信用できず、いつも周りをうかがうように暮らしています。

内藤さんは、ミスを許さない性格ゆえに、周りはご機嫌うかがいのイエスマンばかり。

だから、彼らのことを心から慕う友達は、一人もいないのです。

もちろん、高額当選者全員がそうです、というわけではありません。宝くじが当たっても、周囲の人を思いやり、幸せに生きている人もいるでしょう。

私が言いたいのは、高額の宝くじを何度も当てるような人の中には、「自分本位な生き方をしている」のに「幸せに見えない」人がいるという事実です。

つまり、どんなに金運が良くても、それと「幸せ」とは別だということです。

金運を上げたければ「目下の人」を大切にしよう

私は「金運のいい人」より「金運の上がる人」を目指した方が「幸せ」だと思っています。

「金運のいい人」と「金運の上がる人」は違います。

「金運の上がる人」とは宝くじのような偶然の要素に身を任せるのではなく、自分の意思で安定した金運を引き寄せる人のことを指します。

そして「金運の上がる人」には、周りに気遣いのできる人、特に目下の人に気遣いのできる人という特徴があります。

人は誰しも、目上の人（立場や年齢が上の人）には、自然と気を遣います。でも、目下の人や年下の人となるとどうでしょうか。

いきなり横柄な態度をとったり、偉そうな言い方をしてしまう人がいますよね。タクシーの運転手やコンビニの店員にぞんざいな口をきく人、部下を「お前」呼ばわりする人、後輩使いが荒い人。

また、目上の人には謝ることができても、目下の人に謝ることができない人。

そういう人は、周囲から人柄を見透かされてしまいます。だから、どんなに目上の人に引っ張られても、下の人からの押し上げがないため、金運も上がりません。

むしろ、目下の人を大切にできる人は、目上の人には自然体で接するため、好感をもたれます。そして、目下の人には「この人のために役に立ちたい」と思わせるので、金運がどんどん上がっていきます。

なぜかというと、ほとんどの人が、目上の人に対しては自然と視野（心）が広くなり、目下の人に対しては視野（心）が狭くなるのが普通だからです。

目下の人にも広い視野（心）をもって接することができる人は、人間の度量が大きいため、「運の器」も大きくなります。

目下の人を大切にすると金運が上がる

途中退席した後輩への気遣い

何話して
いたんだろ？
来期の話を
してたんだよ

ちょっとしたことで後輩に感謝できる

ありがとう！
助かるよ
部長、新製品の
売上データです

落ち込んでいる後輩への気遣い

おいしいもの
食べに行こう

店員さんにお礼を言える

こちらお品物に
なります
ありがとう

後輩に自分から挨拶できる

おはよう!!
部長、
おはようございます！

部下に謝ることができる

申し訳ない、
僕のミスだ
いえいえ
そんな…

だから、

金運を上げたければ、目下の人を大切にしてください。

例えば、飲み会の席で後輩が途中で席を立って、戻ってきた時、
「今ね、鈴木さんが山形に出張に行っていた時の話をしていたんだよ」
といいない間の話題についてひと言添えて、仲間に入りやすくする。こうした
「ちょっとした気遣い」の積み重ねが金運を上げていくのです。

21 金運が上がる人の口癖

日本一の大富豪が使っている、8つの「最強運ワード」

最近、占いについては、量子力学的アプローチから科学的にも証明されつつありますが、「ポジティブな想念や言葉が良い運気を引き寄せる」ということは、身をもって実感しています。

「ポジティブな想念」、つまり「積極的で前向きな考え」が運気を引き寄せるのは、占いの世界においては重要なことで、特に大事なのが話し方、つまり使う言葉がカギを握っているのです。

例えば、定食屋に行って「カレーライスください」と言えばカレーライスが出てきますよね。いくらカレーライスがほしくても「ハヤシライスください」と言ってしまったら、カレーライスは出てきません。

運気と言葉の関係もこれと同じです。

「ありがとう」と言えばありがたいことがやってくる。「うれしい」と言えばうれしい出来事が起こる。「楽しい」と言えば楽しい体験を引き寄せる。

日本一の大金持ち・斎藤一人さんが「天国言葉」を使うと運気が上がるよ、とおっしゃっていますが、まさにそれです。

「天国言葉」とは、「愛しています」「ツイてる」「ありがとう」「うれしい」「楽しい」「感謝してます」「幸せ」「許します」の8つです。私もできるだけこの8つの言葉を使うことを心がけています。

しかし、うっかり、マイナス言葉を使ってしまったらどうしたらいいのか？

これも、定食屋さんの注文と同じです。

「先ほどハヤシライスを注文しましたが、カレーライスに変更してください」

と言えばいいだけ。

例えば「アイツ、許せない」とか「もう最悪～」と言ってしまったら、

「ウソウソ、アイツ許せないというのはウソ。許します」

「間違い、間違い、最悪じゃない。いつもツイてる！」

と言い直せばいいのです。

ぜひ、みなさんも、日々使う言葉に注意を払って、前向きで積極的な言葉を使っていきましょう。

慣れてしまえば、むしろマイナス言葉を口にすることに、抵抗感が生まれます。

そうなると、自然とプラスの言葉だけを使うようになるので、金運を含めたすべての運が上がっていきます。

22 運のいい人がやっている4つの習慣

運気は日々の習慣で爆上げできる

さて、本書では「話し方」を通して「運のいい人の特徴」を紹介してきました。
最後に「運気を爆上げするために必要な4つの力」についてまとめてみましょう。

①人生運を上げる「話す相手を選ぶ力」
②仕事運を上げる「脳を勘違いさせる力」
③対人運を上げる「ポジティブ話力」
④金運を上げる「周囲への気遣い力」

①話す相手を選んで「人生運」を上げる

この本のメインテーマです。うまくいっている人ほど人の話を聞かない。

運のいい人ほど、「あっ、この人話が通じないな」と思ったら、相手の話を真正面から受け止めない。

正確に言うと、「ここは重要」「ここは重要じゃない」というように、人の話を強弱をつけながら聞いているのです。

スポーツにたとえると、わかりやすいですね。スポーツというのはペース配分が重要です。最初から最後まで全力疾走していたら、当然スタミナがもちません。

話し方も同じです。今の自分にとって、しっかり話を聞いた方がいい相手かどうか、しっかりと見極める。

見極めた上で、大事だなと思った相手の話はしっかりと聞く。

そうでないのなら聞かない。

重要なのは、「聞く力」より「聞く相手」。

話の通じない相手や、あなたのことを大切に思っていない相手の話を、真正面から受け止めなくてもいいのです。むしろ、まともに聞いてはいけません。

「また愚痴が始まった」「怒りのスイッチが入った」と思ったら、聞いているふりをしながら、話題を変えてさっさと退散しましょう。

真面目な人ほど、話の通じない相手の話を、最初から最後まで真剣に聞いてしまうのです。だから、心がしんどくなってしまう。

話が通じない人の話は聞かない

これこそ、人生運のいい人の話し方です。

②脳を勘違いさせて「仕事運を上げる」

これは、「金運のいい人」の特徴のところで紹介しましたね。

「運のいい人」は自分のことが大好き。そして、自分で自分をほめるのがとっても上手。これでもかというほど、自分のことをほめます。なぜか？

自分で自分の脳を、勘違いさせているのです。

逆も然りです。仕事ができないと思っている人は、自分の脳に「自分は仕事ができない」と思い込ませている。話し下手だと思っている人は、「自分は話し下手だ」と思い込ませている。

だからうまくいかないのです。

なら、**脳を勘違いさせればいい。**

脳は、イメージで体験したことと、実体験の区別がつかないといわれています。

これを利用しない手はありません。スポーツ選手が、勝った瞬間の自分を何度もイメージして、実際の試合に臨むと勝てるといいますが、それと同じです。

仕事ができないと思っている人は、毎日鏡に向かって「自分はなんて仕事ができるんだ」と、自分を何度もほめる。そうすることで、脳が「僕は今まで仕事ができないと思っていたけど、実はできるかもしれない」と勘違いを始めるのです。

自分が話し下手だと思っている人なら、「自分ほど話がうまい人はいないなあ」と毎日ほめる。最初は勘違いだったものが、だんだん本当になっていって、実際に話がうまくなっていきます。

私も毎朝3分、鏡の中の自分に向かって「今日も最高！」「なんでこんなに面白いんだ〜」って全力で自分をほめています。自分をほめる時は、うまくいっている自分をイメージしながらほめると、より効果的です。

営業の仕事だったら、月末に目標達成している自分をイメージしてほめる。人前で話すのが苦手なら、プレゼンの後にみんなから拍手喝采を浴びている自分をイメージしてほめる。

何度も何度も自分をほめているうちに、脳が勘違いして実際にそのような現実を引き寄せる。これが引き寄せの法則の正体です。

ぜひやってみてください。

③ポジティブ話法で「対人運を上げる」

「運の悪い人」というのは、基本的に、出てくる言葉がすべて後ろ向きです。

ネガティブ言葉の代表と言われる3Dワード「でも」「だって」「どうせ」に始まり、「僕なんか……」「私なんか……」「できない」「無理」「ムダ」「やりたくない」「つまらない」「やっぱり〜なんだ」「ダメ」「違う」といったネガティブワードが息を吐くように自然と出てくる。

もはや才能です……。

でも聞いている方は、ネガティブで否定的な人の話はつまらないし、聞いていてしんどくなってしまうから、距離をおきたくなります。

だから、マイナス言葉の多い人は、対人運が落ちてしまうんですね。

聞いたことがあるかもしれませんが、

「脳は主語が理解できない」のです。

例えば、日頃から子どもに「Aちゃんには無理」「なんでできないの！」「ダメ、違う！」ばかり言っていたとします。すると、脳が勘違いして（言っている）自分自身のことだと認識してしまいます。

つまり、ネガティブな言葉を使うということは、自分の脳に「自分は無理でできないダメな人間」だと思い込ませているのと同じなのです。

たとえ、子どもに言っているつもりでも、気づくと自分自身にその言葉が返ってきて、「できない自分」「ダメな自分」になってしまうのです。

もちろん、言われている子どもにも同じ影響がありますから、悪い意味での一石二鳥になってしまいます。

だから、**日々使っている言葉をプラスの言葉に変換するだけで、必ず人生は変わります。**

「何度やってもダメだったから、今回もムリかも」⇓「今度はうまくいくぞ！」

「今月末までの目標達成はムリです」⇓「最後までがんばってみよう！」

「なんだか憂鬱だなあ」⇓「気分を切り替えて、今日も最高の一日にするぞ」

そして、マイナス言葉も、ポジティブな意味に使えば、プラス言葉に変換できます。「どうせ」を「うまくいく」と一緒に使えば「どうせうまくいく」となり、「何をやっても僕はうまくいく」「どんな状況でもうまくいく」という意味が加わり、よりプラス要素の強い言葉に変化します。

「やっぱり」も「やっぱりBさんはすごいなあ」と使うと、相手にとって最高級のほめ言葉になりますよね。大事なのは、

ポジティブな締めくくりで終わらせること。

残業をやっている時に「今日中に終わらせるなんてムリだ……」と言ってしまったら、「いや、僕ならきっと終わらせることができる」で締めくくる。

子どもにうっかり「C君には無理ね」と言ってしまったら、「必ずできるようになるから、一緒にがんばろう」と付け加える。

こうしたポジティブ話法を心がけると、「対人運」はどんどん上がっていきます。

④周囲への気遣いで「金運を上げる」

「金運の上がる人」とは、周囲に気遣いのできる人のことでしたね。特に目下の人、立場が下の人に気遣いができる人はどんどん金運が上がっていきます。

例えば、プレゼンで大失敗して落ち込んでいる後輩にそっと寄り添ってあげられる人。「今度はうまくいくよ」「また次があるから」と表面的なことを言う人が多い中で、黙って一緒に食事に付き合い、本人がポツリと漏らす反省の弁に「そうだね。わかるよ」と言える人。

そういう**心の機微のわかる人に金運はつく**のです。

コンビニでレシートをもらった時、タクシーでお釣りを受け取る時、飲食店でお金を支払う時に「ありがとう」を言える人。いきつけのお店で、店員さんの名札を見て、名前で呼べる人。

私も、ホテルや飲食店に顔なじみのウェイターさんや店員さんがいる場合は「〇〇さん、こんにちは」

と必ず声をかけています。

仕事柄、多くのお金持ちを見てきましたが、「お金を払っているから当然だ」「こちらはお客なんだから当たり前」という人は、必ず没落していきます。

目上の人や、立場が上の人への気遣いはしても、目下の人にはさっぱりという人の金運は落ちていきます。

一方、目下の人に気遣いができる人は、目上の人にも気遣いはするのですが、本音も付け加えます。

「○○さん、それはおかしいですよ」

「そのプロジェクトは時期尚早です」

と自分の考えをしっかり伝えます。

目上の人も、目下の人が気を遣って、なかなか本音を言えないということはわかっていますから、そこを押して本音を言える人は、評価されるのです。

そう考えると、結局、「気遣いのできる人」とは「相手との心の距離を上手に縮めたり離したりを自在にできる人」のことなのですね。

では、なぜ上下分け隔てなく気遣いのできる人は金運が上がるのか？

それは、**人柄が謙虚だから周りが助けてくれる**からです。

周りが助けてくれるということは、人が集まってくるということ。お金は、人が集まってくるところが大好きだから、人が集まってくる人は金運が上がる、という図式です。

だから、金運を上げたければ、ぜひ目下の人への気遣いを忘れないでください。

その気遣いがあなたの金運を爆上げしますよ。

運気を爆上げするために必要な4つの力

①人生運を上げる「相手を選ぶ力」

②仕事運を上げる、「脳を勘違いさせる力」

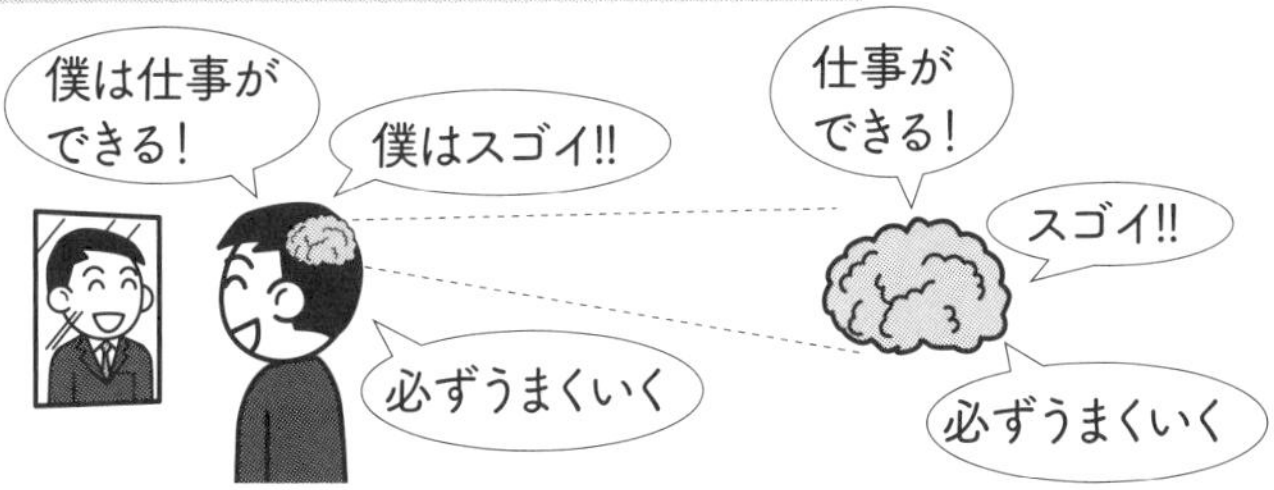

③対人運を上げる「ポジティブ話法」

④運気が上がる「周囲への気遣い力」

［おわりに］　私の話も、もう聞くな

この本を手に取って読んでくださり、ありがとうございます。

これだけ聞き方や話し方のことを書いておきながら、今さらこんなことを言うと、後出しジャンケンのように思われるかもしれませんが、私自身、人前で話すことがとても苦手な子どもでした。

今の私からは想像できないかもしれませんが、すぐに緊張してしまう、内気な子どもだったのです。

そんな私が、人前で話せるようになったのは、少年時代に野球を始めたことがきっかけでした。テレビを見ては、憧れていた野球選手のヒーローインタビューをモノマネしていたのです。これが本当、楽しくてね。

最初はモノマネから始まったのですが、次第に「自分がヒーローインタビューさ

れたらどうなるか?」、そんなことをイメージするようになりました。

そうしているうちに、話すことへの苦手意識がなくなり、さらには野球もうまくなっていったのです。

一番目立つところで打順が回ってくると、テレビ局も新聞社もいないのに「今日ヒーローインタビューされるのは僕だ!」と言わんばかりに、それはもううれしかったのを覚えています。

インタビューされることを目標に、練習をがんばり、高校も甲子園に出場するような有名高校へ進学することができました。

私たちは誰しも「常識」とか「成功」というものに思い込みがあります。

「人の話は聞かないといけない」「好き嫌いはダメ」「苦労するほど成長する」「努力は必ず報われる」「人は平等である」……。

もちろんそれらはすべて真実です。

ただ、真実だからといって、あらゆる人のあらゆる局面にそれらすべてが当てはまるわけではないのです。

性格のいい人が金運のある人とは限りませんし、人より努力している人が人生運や仕事運がいいかというと、必ずしもそうではありません。

では、「幸せ」はどうでしょうか。

結局どんなに金運があっても、仕事運、出世運があっても、幸せでなければなんの意味もありません。

本書を読んでくださった方には「目先の運」ではなく、みなさんに幸運をもたらす周りの人に感謝をして、もっと幸福になってもらいたいと願っています。

みなさんにとって大切な人を大切にすることを最優先し、「どうでもいい人」に振り回される人生はもう終わりにしましょう。

それが真の「成功者」であり「幸運な人」だと私は考えます。

さて、本書の出版には多くの方の多大なるご尽力をいただきました。

まずはビジネス社の中澤直樹さん。この本が世に出るまで紆余曲折の連続でしたが、中澤さんの深いご理解のお陰で無事に誕生しました。ありがとうございました。

次に、ＯＣＨＩ企画の越智秀樹さん。越智さんとの出会いがなければ出版という機会はなかったと思います。いつも私の気持ちに寄り添い、常に最善の努力を尽くして仕事をしていただき、ありがとうございました。

そして、編集者の越智美保さん。想像もつかないアイディアと、私の個性が読者のみなさんに最大限に伝わる内容にしていただき、ありがとうございます。

何より、私のビジネスパートナーの篠田愛子さん。私が仕事で挑戦したいこと・やりたいことを一緒になって応援し支えてくれてありがとう。常に献身的なサポートをしてくれる篠田さんに心から感謝しています。

長々と書いてきましたが、いよいよ終わりが近づいてまいりました。

この言葉をみなさんにお贈りして、本書の締めくくりとさせていただきます。


私の話も、もう聞くな。

最後までお付き合いくださり、本当にありがとうございました。

<著者略歴>

油井秀允（ゆい・ひでまさ）

1975年山形県生まれ。「人の話を聞かない」鑑定が話題の、年2億円稼ぐ人気占い師。鑑定歴18年、延べ13000名以上の人を鑑定してきた実績をもつ。2005年、web上に姓名判断サイトを立ち上げたところすぐに人気となり、「一度占ってもらうと二度と運勢が悪くならない」と評判になる。現在は、対面鑑定の予約は3ヶ月待ち、また対面鑑定の他、次世代の占い師を応援し、育成する「人気占い師養成講座」も根強い人気を呼んでいる。
著書に、『てっとり早く見た目で運がよくなる本』（プレジデント社）などがある。

〈企画・編集・ライティング〉越智秀樹、越智美保（OCHI 企画）

〈本文イラスト〉久保久男

〈校正〉山崎春江

〈取材協力〉篠田愛子

人の話は聞くな。

2023年5月1日　　　　　　第1刷発行

著　者　油井秀允

発行者　唐津 隆

発行所　株式会社ビジネス社

〒162-0805　東京都新宿区矢来町114番地 神楽坂高橋ビル5F
電話　03(5227)1602　FAX　03(5227)1603
https://www.business-sha.co.jp

〈装幀〉中村 聡
〈本文組版〉白石知美、安田浩也（システムタンク）
〈印刷・製本〉中央精版印刷株式会社
〈営業担当〉山口健志
〈編集担当〉中澤直樹

ISBN978-4-8284-2515-3